Os Segredos do

Signo Solar

Amy Zerner e Monte Farber

Os Segredos do Signo Solar

Guia Astrológico Completo para o Amor,
o Trabalho e o Sucesso

Tradução
Marcelo Brandão Cipolla

Editora
Pensamento
SÃO PAULO

Título do original: *Sun Sign Secrets*.
Copyright do texto © 2014 Monte Farber.
Copyright da edição © 2014 Zerner/Farber Edittions.
Copyright da edição brasileira © 2017 Editora Pensamento-Cultrix Ltda.
Texto de acordo com as novas regras ortográficas da língua portuguesa.
1ª edição 2017.
Todos os direitos reservados. Nenhuma parte deste livro pode ser reproduzida ou usada de qualquer forma ou por qualquer meio, eletrônico ou mecânico, inclusive fotocópias, gravações ou sistema de armazenamento em banco de dados, sem permissão por escrito, exceto nos casos de trechos curtos citados em resenhas críticas ou artigos de revista.

A Editora Pensamento não se responsabiliza por eventuais mudanças ocorridas nos endereços convencionais ou eletrônicos citados neste livro.

Editor: Adilson Silva Ramachandra
Editora de texto: Denise de Carvalho Rocha
Gerente editorial: Roseli de S. Ferraz
Preparação de originais: Nilza Agua
Produção editorial: Indiara Faria Kayo
Editoração eletrônica: Join Bureau
Revisão: Vivian Miwa Matsushita

Dados Internacionais de Catalogação na Publicação (CIP)
(Câmara Brasileira do Livro, SP, Brasil)

Zerner, Amy
  Os segredos do signo solar: guia astrológico completo para o amor, o trabalho e o sucesso / Amy Zerner, Monte Farber; tradução Marcelo Brandão Cipolla. – 1. ed. – São Paulo: Editora Pensamento, 2017.

  Título original: Sun sign secrets
  ISBN: 978-85-315-1966-6

  1. Astrologia 2. Esoterismo 3. Zodíaco I. Farber, Monte II. Título.

17-01129   CDD-133.52

Índice para catálogo sistemático:
1. Signos do Zodíaco: Astrologia   133.52

Direitos de tradução para o Brasil adquiridos com exclusividade pela
EDITORA PENSAMENTO-CULTRIX LTDA., que se reserva a
propriedade literária desta tradução.
Rua Dr. Mário Vicente, 368 – 04270-000 – São Paulo – SP
Fone: (11) 2066-9000 – Fax: (11) 2066-9008
http://www.editorapensamento.com.br
E-mail: atendimento@editorapensamento.com.br
Foi feito o depósito legal.

✷ *Sumário* ✷

INTRODUÇÃO 7
   Qual é o seu signo? 7
   A vantagem da astrologia 7
   A astrologia realmente funciona? 8

ÁRIES 11
   21 de março – 20 de abril

TOURO 37
   21 de abril – 20 de maio

GÊMEOS 61
   21 de maio – 20 de junho

CÂNCER 87
   21 de junho – 22 de julho

LEÃO 113
   22 de julho – 22 de agosto

VIRGEM 139
23 de agosto – 22 de setembro

LIBRA 165
23 de setembro – 22 de outubro

ESCORPIÃO 191
23 de outubro – 21 de novembro

SAGITÁRIO 217
22 de novembro – 21 de dezembro

CAPRICÓRNIO 243
22 de dezembro – 20 de janeiro

AQUÁRIO 269
21 de janeiro – 19 de fevereiro

PEIXES 295
20 de fevereiro – 20 de março

✶ *Introdução* ✶

Qual é o seu signo?

Quando alguém lhe pergunta "Qual é o seu signo?", você sabe que essa pessoa está falando de astrologia. Os astrólogos profissionais, para se referir ao signo, costumam usar a expressão "signo solar". Esse termo reflete a ideia de que o signo da pessoa é determinado pelo segmento do zodíaco pelo qual o Sol, visto do local exato da Terra onde a pessoa nasceu, estava passando no momento em que ela nasceu. Os signos do zodíaco são em número de doze, e a palavra "zodíaco" (do grego *zodiakos kyklos*, que significa "círculo dos animais") é a estreita faixa de céu que rodeia o equador terrestre e pela qual o Sol, a Lua e os planetas parecem se deslocar quando vistos por nós aqui da Terra.

A vantagem da astrologia

A astrologia, que já existe há milhares de anos, é o estudo da relação entre as posições dos planetas e as pessoas e acontecimentos na Terra. Sua história longa e rica resultou num verdadeiro tesouro de sabedoria filosófica e psicológica, cujos conceitos básicos vamos partilhar com você nas páginas deste livro. Como disse o filósofo grego Heráclito (c. 540 – c. 480 a.C.), "O caráter de uma pessoa é seu destino". A pessoa que você é – com todos os seus objetivos, tendências, hábitos, virtudes e vícios – vai determinar o modo como você age e reage, criando assim o destino da sua vida. Como a própria astrologia, este livro foi pensado para ajudar você a conhecer melhor a si mesmo e às pessoas a quem ama. Você será então mais capaz de usar seu livre-arbítrio para moldar a sua vida segundo a sua vontade.

A astrologia realmente funciona?

Muitas pessoas se perguntam, com razão, como é possível que a astrologia divida a humanidade em doze signos solares e faça previsões que estejam corretas para todas as pessoas do mesmo signo. A resposta é muito simples: isso não é possível. É coisa de astrologia de jornal – divertida, mas não verdadeira. O que a astrologia realmente pode fazer é ajudar você a entender suas forças e fraquezas para que consiga aceitar a si mesmo tal como é e usar seus pontos fortes para compensar seus pontos fracos. O real objetivo da astrologia é ajudar você a ser quem realmente deve ser.

Lembre-se de que praticamente todas as melodias da história da música ocidental foram compostas com variações das mesmas doze notas. Do mesmo modo, os doze signos solares da astrologia são temas básicos ricos em significado, que cada um de nós interpreta e expressa de maneira diferente para criar as oportunidades e desafios únicos da nossa vida.

Nota da tradução

É importante lembrar de que as estações a que o autor se refere em cada um dos signos neste livro dizem respeito à sua natureza essencial. Portanto, se a natureza essencial dos signos se modificasse de um hemisfério para o outro, a astrologia tradicional não funcionaria no Hemisfério Sul, ao passo que séculos de experiência têm demonstrado o contrário. Por isso, mesmo no Hemisfério Sul, adotam-se as descrições tradicionais dos signos segundo as estações do Hemisfério Norte. No Hemisfério Sul o signo de Áries ocorre no outono, e com os outros signos acontece modificação análoga: Touro e Gêmeos ocorrem também no outono; Câncer, Leão e Virgem, no inverno, Libra, Escorpião e Sagitário, na primavera; e Capricórnio, Aquário e Peixes, no verão. No entanto, isso não altera a natureza essencial de cada signo, a qual é descrita tradicionalmente segundo as qualidades das estações no Hemisfério Norte. Assim, na astrologia, quando se postula que Áries é um signo primaveril, o que se quer dizer não é somente que ele ocorre na primavera, mas que sua natureza essencial é mais bem descrita pelas qualidades dessa estação, que é quente e úmida. O signo deve ser entendido como um princípio único que se manifesta aqui na Terra de duas maneiras diferentes; assim, a essência única do signo de Áries no Hemisfério Norte se manifesta no degelo primaveril, na volta do calor, no aparecimento das primeiras flores e dos brotos nas plantações; aqui no Hemisfério Sul, ela se manifesta no abrandamento do calor do verão, no vento fresco, na diminuição das chuvas torrenciais e na limpeza do céu — e assim para cada um dos outros signos.

"Acredito em astrologia
tanto quanto
acredito em genética."

– QUINCE JONES

ÁRIES
21 de março – 20 de abril

ÁRIES

21 de março – 20 de abril

Planeta: Marte
Elemento: Fogo
Qualidade: Cardinal
Dia: terça-feira
Estação: primavera
Cor: vermelho (todos os tons)
Plantas: papoula vermelha, cardo, gengibre
Perfume: incenso
Pedras: heliotrópio, jaspe vermelho, opala de fogo
Metal: ferro
Qualidades pessoais: honestidade, coragem, obstinação

Palavras-chave

Os termos a seguir são chamados "palavras-chave" porque podem ajudar você a decifrar o sentido essencial do signo astrológico de Áries. Cada palavra-chave representa questões e ideias de suma importância e destaque na vida das pessoas nascidas tendo Áries como signo solar. Você vai constatar que, em geral, cada ariano incorpora pelo menos uma destas palavras-chave em seu modo de viver:

iniciativa – desafio – aventura – exploração – ousadia coragem – sinceridade – competitividade – inocência – ação agressividade – energia – espontaneidade – descoberta – criatividade

O sentido simbólico de Áries

O primeiro dia da primavera – no Hemisfério Norte – marca o início do signo de Áries, cujo símbolo é o carneiro. A cada primavera, o desejo de acasalar-se e demarcar seu território leva o carneiro a demonstrar sua coragem e sua força, combatendo seus concorrentes desferindo cabeçadas. Depois de baterem cabeça com cabeça algumas vezes, aquele que consegue suportar a dor e não desiste é o vencedor.

As pessoas nascidas sob o signo de Áries têm muito em comum com seu símbolo, o carneiro. Estão sempre dispostas a dar cabeçadas naqueles que, a seu ver, põem obstáculos em seu caminho. Corajosas e teimosas, lidam com as situações de maneira direta e vigorosa. Sempre se esforçam para completar as tarefas em tempo recorde e têm tamanho desprezo pela dissimulação que, às vezes, são prejudicadas pelo próprio excesso de sinceridade.

Áries é o primeiro signo do zodíaco. Os arianos, como são chamados os nativos de Áries, sempre tentam ser os primeiros em alguma coisa. Querem ser independentes e originais. Não gostam de ficar em segundo lugar nem de esperar muito tempo por algo ou por qualquer pessoa, e em razão disso podem ser impacientes e agressivos quando não conseguem fazer as coisas do seu jeito. São mais eficientes quando obedecem a seu primeiro impulso. Valorizam a força, a sobrevivência e a vitalidade irresistível da natureza que habilita as primeiras flores da primavera a romper a barreira do duro solo invernal.

Áries é um dos quatro signos Cardinais do zodíaco (os outros três são Câncer, Libra e Capricórnio). O primeiro dia de cada um desses signos marca uma mudança de estação, e é por isso que os signos Cardinais simbolizam o movimento para a frente. As pessoas nascidas sob qualquer um dos signos Cardinais tendem a ter muita clareza de seus objetivos e a serem ativas, entusiasmadas, motivadas e ambiciosas. São capazes de iniciar mudanças e desencadear movimentos.

Áries também é um dos três signos de Fogo (os outros dois são Leão e Sagitário). As pessoas em cujo mapa predomina o elemento Fogo são ativas, espontâneas, entusiasmadas, criativas, autossuficientes e românticas. O poderoso elemento Fogo às vezes torna o ariano orgulhoso, mandão ou arrogante, mas esse indivíduo está apenas expressando sua vitalidade natural e, em geral, não quer mal a ninguém.

Os arianos frequentemente se metem em encrencas por agirem sem pensar e sem levar em conta os efeitos de suas ações sobre os outros. Mas sua personalidade autoconfiante os ajuda a prosperar quando eles ocupam posição de chefia ou trabalham sozinhos. Sua natureza fogosa, assertiva e corajosa é sempre encantadora e carismática.

Como reconhecer um ariano

As pessoas que ostentam as características físicas que distinguem o signo de Áries têm traços faciais fortes e, muitas vezes, olhar penetrante. Elas se vestem frequentemente num estilo original, com cores fortes, e sabem como fazer para ter excelente aparência. Seu corpo é forte e caminham com determinação. Cheias de vitalidade e energia, projetam uma aura de puro apelo sexual.

O comportamento e os traços de personalidade típicos de Áries

- voluntarioso e mandão
- ousado
- avança mesmo quando está com medo
- é direto, franco e sincero
- faz tudo rapidamente
- é altamente competitivo e detesta a derrota
- autoconfiante
- aventureiro e empreendedor
- entusiasmado e otimista
- tem objetivos muito claros e bem definidos
- gosta de que as coisas sejam do seu jeito

O que motiva o ariano?

A coisa de que o ariano mais tem medo é do próprio medo, e por isso ele sempre procura provar quanto é corajoso. Os arianos devem se lembrar de que o medo e a dúvida nem sempre são sinais de fraqueza ou perda de controle, nem garantias de fracasso.

O instinto de "lutar ou fugir" é uma característica básica dos arianos. Se um ariano sentir medo, por pouco que seja, essa emoção o fará reagir violentamente ou entrar em pânico. Os arianos devem aceitar a própria espontaneidade e não deixar que o medo os leve a adotar atitudes prejudiciais ou os paralise, aumentando ainda mais a insegurança.

A personalidade ariana em sua expressão positiva

Os arianos motivados pelo desejo de realizar aquilo que mais os apaixona manifestam a personalidade independente, autoconfiante e versátil do seu signo. Eles percebem que estão sozinhos, mas isso lhes parece ótimo, pois os motiva a ser exemplos brilhantes de o que significa serem donos de si.

Pelo lado positivo

Os arianos que manifestam as características positivas associadas a seu signo também tendem a ser:

- afeitos à ação, de modo que gostam de assumir responsabilidades
- dinâmicos e entusiasmados
- propensos a formar uma grande rede de contatos
- vivazes
- positivos
- heroicos
- sem malícia
- apaixonados

A personalidade ariana em sua expressão negativa

Os arianos que gostam de mandar nos outros e parecem acreditar que não têm defeitos estão expressando as limitações do seu signo. Seu desejo de cumprir as tarefas com perfeição e rapidez pode levá-los a tratar os outros como seres inferiores, especialmente aqueles que, em sua opinião, não estão à altura do que precisa ser feito rapidamente. Os arianos precisam ter consciência de suas fraquezas humanas sem pensar que os pontos fracos os tornam "maus".

Traços negativos

Os arianos que manifestam as características negativas associadas a seu signo também tendem a ser:

- ciumentos e intolerantes
- temerariamente impulsivos
- mandões
- petulantes
- imaturos
- insensíveis
- sem consideração
- rudes
- cansam-se e desistem facilmente

Peça a um ariano

Peça a um ariano que lhe diga como alcançar seus objetivos. Ele lhe dirá o que você deve fazer e como fazê-lo. Lembre-se, porém, de que, se ele considerar que seu objetivo é impossível de ser atingido, lhe dirá isso também. Portanto, se você não estiver disposto a ouvir a verdade verdadeira, não lhe pergunte nada. Ter um amigo ariano é como ter um general militar sempre à disposição, pronto para ajudá-lo a planejar sua campanha. Mas você também tem de estar disposto a trabalhar incansavelmente para atingir seus objetivos.

A amizade com os arianos

Os arianos são amigos divertidos e interessantes, mas, quando organizam reuniões em casa, não o fazem simplesmente para promover a diversão; geralmente têm outro motivo. Gostam de formar redes de contatos e conhecer pessoas novas que possam se interessar por seu trabalho e suas ideias. A amizade com o ariano não vai durar muito caso a outra pessoa não compreenda que o indivíduo nascido sob o signo de Áries é altamente competitivo e totalmente dedicado às suas realizações e à promoção de sua carreira.

Os arianos gostam de fazer amizade com pessoas que tenham ideias originais, especialmente as que forem inteligentes o suficiente para reconhecer quanto eles são únicos. São calorosos e generosos quando sentem que são compreendidos, mas podem ser bruscos quando se sentem incompreendidos ou ameaçados. No entanto, a pessoa que der apoio a um amigo ariano poderá gozar de uma amizade duradoura.

Em busca do amor

Os arianos gostam de tomar a iniciativa e em geral não têm medo de fazê-lo. Até quando sentem medo, tomam a iniciativa mesmo assim – e, em geral, o fazem bem rápido. Não esperam nada nem ninguém. Os arianos sentem a necessidade de ser assertivos em seus relacionamentos.

O ariano precisa estar com alguém que seja tão animado e fogoso quanto ele, ou alguém cuja apreciação de seu modo dinâmico de viver faça sua chama brilhar ainda mais. Ele quer que a outra pessoa o trate com sinceridade e realismo e gosta de pôr a pessoa à prova, vendo como ela reage ao seu modo franco de falar. Quando um ariano parece desinteressado e emite sinais contraditórios, é porque ele ainda está avaliando a outra pessoa e tentando determinar quem ela realmente é.

Caso seja rejeitado, o ariano seguirá em frente sem dedicar mais nenhum pensamento à pessoa que o rejeitou. É raro encontrar um ariano que sofra com as dores do amor não correspondido.

Para encontrar aquela pessoa especial

O ariano em busca do amor se parece menos com um desbravador de regiões selvagens e mais com um garimpeiro. A regra número um do garimpo diz que "o ouro está onde você o encontrar". Sempre atentos e nada discretos, os arianos são capazes de encontrar potenciais parceiros românticos em praticamente qualquer momento e lugar.

O primeiro encontro

Para o ariano, o primeiro encontro ideal é aquele em que ele está no comando. No passeio romântico perfeito, o par do ariano deve ir aonde ele quiser ir e fazer exatamente o que ele quiser fazer! Visto que os arianos gostam de estar sempre em primeiro lugar, a estreia de um filme, a inauguração de um novo restaurante ou qualquer lugar recém-inaugurado seriam ambientes perfeitos para um passeio noturno. Os arianos gostam de comidas apimentadas e bem temperadas, de modo que um restaurante mexicano ou indiano também seria bem adequado.

O ariano e o amor

A expressão "tudo é válido no amor e na guerra" resume perfeitamente a abordagem ariana. Em matéria de amor, os arianos gostam tanto do processo da conquista e dos desafios de superar obstáculos quanto da vitória em si. Não têm medo de formar um relacionamento com alguém que já esteja envolvido com outra pessoa. O ariano precisa de um parceiro empolgante, que nunca o deixe entediado – a rotina é capaz de jogar uma pá de cal sobre o relacionamento com um ariano. Paradoxalmente, o ariano, por mais independente que seja, também é, de todos os signos do zodíaco, aquele que mais precisa de um parceiro que demonstre seu afeto.

Os arianos são atraentes em razão de sua energia natural. Entusiasta de novos desafios e experiências, o ariano gosta de viver aventuras junto com a pessoa amada e quer que seu companheiro tenha tanto interesse quanto ele por seus sonhos e objetivos.

Amor eterno

Os arianos pensam menos em casamento que a maioria dos nativos dos outros signos. No entanto, quando se apaixonam, não mudam de ideia facilmente; mergulham de cabeça no relacionamento e dão tudo de si. Gostam de se envolver completamente na vida do companheiro. O ariano evoluído faz isso porque quer ajudar seu amor a alcançar o sucesso, ao passo que o menos evoluído o faz para tentar controlar o companheiro a fim de reduzir o medo de que este faça algo de errado. Qualquer um que pretenda ter um relacionamento com um ariano terá de abrir sua vida para ele. A paixão permanente é a marca registrada do relacionamento de longo prazo com um ariano. Os arianos, sempre jovens, têm de se esforçar para equilibrar a inocência da juventude com a sabedoria da idade.

Expectativas no amor

O ariano espera sinceridade e paixão de todas as pessoas e em todos os momentos. Ele espera também que lhe deem liberdade para ser ele mesmo. Num relacionamento amoroso, contudo, essa expectativa se multiplica por dez, e o ariano não se contentará com menos de cem por cento da atenção e da devoção de seu companheiro. Os arianos não se dão bem com pessoas que querem continuar sendo amigos de seus antigos namorados. Não que sejam ciumentos, mas simplesmente esperam ser tudo o que o bem--amado quer e precisa.

O ariano tem de ser capaz de falar o que pensa, mesmo que não seja algo que o parceiro ou o candidato a parceiro queira ouvir. Ele espera que o parceiro jamais torne a mencionar aqueles momentos em que ele ficou bravo e rapidamente deixou a raiva passar. Embora saibam que temos de ser corajosos para sobreviver, os arianos têm uma deliciosa qualidade infantil e precisam de amantes bem-humorados ou que vejam a vida de um jeito único e exclusivo.

O que o ariano procura

Os arianos procuram pessoas vibrantes, positivas e autênticas. Testam todas as pessoas por quem se interessam, tentando encontrar aquele alguém especial que é fiel a si mesmo e que, destemido, não tem medo nem de se envolver com um parceiro mais forte nem de qualquer outra coisa. Os arianos se dispõem a mergulhar num relacionamento complexo e dramático para conquistar o afeto de uma pessoa, mas, depois de vencida essa batalha, sua tolerância para com as complicações e o dramalhão emocional cai para zero.

Se o ariano soubesse...

Se o ariano soubesse quanto ele já parece corajoso, jamais se preocuparia em ostentar um exterior agressivo e exageradamente confiante diante da menor sensação de insegurança. Os arianos se ocupam tanto de serem eles mesmos que nem sequer percebem que alguns os consideram mandões. Não aspiram ao poder pelo poder; simplesmente não se sentem à vontade em nenhuma situação que não esteja claramente definida ou resolvida, e por isso agem imediatamente para obrigar todos a chegar a uma solução definitiva.

Casamento

O ariano quer um companheiro de quem possa se orgulhar, mas esse companheiro, se for sábio, será sempre modesto em seus objetivos pessoais e fará de tudo para apoiar os do suscetível ariano. A pessoa que se casa com um ariano típico tem de entender que este não terá dificuldade alguma para deixar que ela cuide de todos os detalhes do dia a dia, mas vai querer ter controle sobre todas as grandes decisões – a começar pela cerimônia de casamento. Todo aquele que se casar com um ariano deve saber que seu relacionamento será empolgante, estimulante e criativo, sempre cheio de afeto e de surpresas. Mais ainda: o ariano sempre cumprirá a palavra dada.

O signo oposto a Áries

Libra, a Balança, é o signo oposto a Áries. Embora os relacionamentos entre arianos e librianos às vezes sejam difíceis, Libra é capaz de ensinar Áries a cooperar, partilhar e harmonizar as diferenças entre as pessoas. Os librianos são capazes de intervir diplomaticamente nas situações, ao passo que Áries sempre chega de supetão, fazendo exigências. Ambos os signos são agressivos, mas por motivos diferentes. O ariano quer que as coisas sejam do seu jeito, ao passo que os librianos gostam de paz e harmonia; mas ambos estão dispostos a lutar por aquilo em que acreditam.

Compatibilidades

No geral, quando as duas pessoas manifestam as características típicas do seu signo, os relacionamentos íntimos entre um ariano e outro indivíduo podem ser descritos da seguinte maneira:

Áries com Áries: Harmonioso e com brigas ocasionais, breves mas estrondosas

Áries com Touro:	Harmonioso, desde que Áries esteja no comando
Áries com Gêmeos:	Harmonioso e em constante movimento
Áries com Câncer:	Difícil, pois o ariano não tem muita paciência com o mau humor e a melancolia
Áries com Leão:	Harmonioso, com possibilidade de grandes realizações
Áries com Virgem:	Turbulento num relacionamento romântico, mas bom para a amizade
Áries com Libra:	Difícil, mas a existência de objetivos e inimigos comuns pode fazê-lo funcionar
Áries com Escorpião:	Extremamente turbulento e cheio de paixão
Áries com Sagitário:	Harmonioso e marcado por um grau de franqueza que somente esses dois signos são capazes de suportar
Áries com Capricórnio:	Difícil, pois Áries se sente tolhido pelo lado sombrio de Capricórnio
Áries com Aquário:	Harmonioso ao extremo; uma parceria de admiração mútua
Áries com Peixes:	Harmonioso, desde que o pisciano esteja disposto a confiar na liderança de Áries

Quando as coisas não dão certo

Quando o ariano sente que a outra pessoa lhe contou uma mentira ou o desonrou, existe uma leve possibilidade de vir a lhe dar uma segunda chance. Se tiver sido humilhado, no entanto, o relacionamento acabou e ele nunca mais vai querer ver a pessoa que o humilhou. O ariano confia em seu próprio poder de seguir em frente e recomeçar do zero. Quando ele decide ir embora, de nada adianta tentar convencê-lo a ficar.

Áries no trabalho

Os arianos cumprem suas tarefas como se fossem eles os donos da empresa. Essa característica pode se manifestar de diversas maneiras. Os arianos evoluídos estão dispostos a trabalhar até a exaustão para fazer o que têm de fazer em nome do bem de todos. Os outros imitam aquele tipo de dono que gosta de mandar a esmo em seus empregados.

É importante que o ariano possa trabalhar sem ser interrompido a todo momento, e mesmo sem muita supervisão. Ele consegue trabalhar bem na companhia de outras pessoas, mas deve tomar cuidado para que as necessidades e objetivos dessas pessoas não o distraiam. Gosta de ajudar os outros a brilhar e fica feliz quando partilha a glória do grupo, mas gosta, acima de tudo, de liderar. Os arianos são focados em seus objetivos e formulam naturalmente um plano para progredir na carreira, ao mesmo tempo que estão mergulhados na realidade do seu trabalho imediato. Muitas vezes se impacientam com a lentidão alheia ou com o tempo que eles mesmos levam para avançar na escala profissional. Devem, no entanto, evitar falar sobre isso com excessiva franqueza.

As ideias inovadoras do ariano são de qualidade rara e valiosa e devem ser postas em prática imediatamente. Os arianos sabem que podem dar uma contribuição única a qualquer equipe e, quando não se permite que o façam, vão contribuir com outras pessoas. Exploradores natos, querem viver por si mesmos algo que seja real, e não simplesmente aceitar o que os outros dizem. Trabalham incansavelmente em prol de qualquer coisa que considerem valer a pena.

Profissões típicas

Os arianos gostam de profissões nas quais tenham liberdade para exercer sua criatividade e dar asas à sua imaginação, abordando os projetos de maneira original. São excelentes promotores de eventos e são capazes de alto rendimento diante de prazos curtos. O ramo editorial, a publicidade, o marketing e a produção visual são profissões nas quais naturalmente se dão bem, pois todas exigem que seus profissionais sejam rápidos para tomar decisões, tenham uma mente ágil e sejam hábeis em várias áreas.

Os arianos também se dão muito bem como artistas individuais que adotam uma forma singular de expressão criativa. Gostam de ocupações que exijam iniciativa, intuição, inventividade, energia, entusiasmo e qualidades de liderança. As forças armadas, as forças policiais e as áreas de recrutamento e treinamento são outros campos que atraem os arianos. Do mesmo modo, os arianos dão excelentes cirurgiões e enfermeiras cirúrgicas.

O signo de Áries é associado a posições que inspirem atividade em outras pessoas, e os arianos tendem a gravitar rumo a cargos de autoridade. Se não estiver no comando, o ariano perderá o interesse pelo trabalho. Dá sua melhor contribuição no início dos projetos, e depois tende a deixar os detalhes e a execução para outras pessoas.

Comportamento e capacidades no trabalho

No trabalho, o ariano típico:

* manifesta um entusiasmo contagioso
* tem energia para trabalhar longas horas
* termina rapidamente suas atividades
* é leal e sincero

- adota uma abordagem apolítica
- desiste quando se sente entediado ou menos apreciado
- cria ideias e conceitos

O ariano como empregador

O típico chefe ariano:

- precisa de lealdade e respeito
- se acalma rapidamente depois de ficar bravo
- recompensa o trabalho duro
- quer ver maneiras novas e melhores de fazer as mesmas coisas
- é extremamente objetivo
- se encarrega ele próprio da tarefa caso os subordinados fracassem
- espera que todos façam muitas coisas ao mesmo tempo

O ariano como empregado

O típico funcionário ariano:

- procura oportunidades de progresso na carreira
- trabalha melhor quando não é supervisionado de perto
- pode ser descuidado com detalhes e segredos
- inventa soluções originais
- não tem medo de enfrentar desafios e correr riscos
- faz listas de tarefas para si próprio e para seus colegas
- precisa de elogios e outras recompensas

O ariano como colega de trabalho

Os arianos têm a capacidade de prever o que terá de ser feito e de fazê-lo sem que seja necessário lhes dar ordens. Isso gera neles uma resistência às imposições alheias, o que não os impede de ser sempre os primeiros a se apresentar como voluntários. Os arianos só trabalham em duas velocidades: "desligado" e "ligado". Quando estão ligados e têm liberdade para agir de acordo com seus instintos, dispõem-se a dar tudo de si, mesmo que tenham de trabalhar 24 horas por dia até terminar o projeto.

As pessoas inseguras acerca de suas próprias capacidades sentem-se ameaçadas pelas manifestações de autoconfiança, poder e habilidade do ariano. Com o tempo, no entanto, quando veem que as ações deste não têm motivação política, passam a gostar de ter na equipe um membro tão individualista, confiável e intransigente.

Detalhes, detalhes

O ariano prefere não ter de cuidar dos detalhes de um serviço, mas fará isso se for necessário. O que ele realmente gosta é de fazer listas de tarefas, pôr toda a equipe em movimento e depois delegar a supervisão a uma pessoa em quem confie. O ariano precisa ter liberdade para assumir o crédito pelo sucesso e justificar os fracassos de qualquer coisa a que seu nome esteja ligado. Alguns astrólogos acham que os arianos têm dificuldade para terminar o que começaram, mas isso só acontece quando se retira deles a possibilidade de receber o crédito pelo que fizeram.

Dinheiro

De todos os signos, Áries é o que menos se preocupa com dinheiro. O ariano não tem a menor dúvida de que será capaz de conseguir dinheiro suficiente para obter o que quer. Parece que o destino o abençoou com a capacidade de escapar de problemas financeiros usando métodos que as outras pessoas geralmente ignoram.

Muitos arianos não se sentem à vontade quando recebem uma herança e podem até prejudicar a si próprios, esbanjando esses recursos. O que mais atrai o ariano é aquilo que vem como recompensa de seu próprio esforço ou de ideias que ele mesmo cria. Não é incomum encontrar um ariano que ganhe dinheiro com uma ideia nascida de uma experiência ou necessidade pessoal e, depois, traduzida criativamente em algo que possa beneficiar a ele mesmo e aos outros.

Em casa

Os arianos sempre têm em sua lista de atividades diversos projetos de reforma da casa. Precisam terminar um projeto antes de começar o próximo; caso contrário, não terminarão nenhum. Não precisam dormir muito, mas dormem bem.

Comportamento e habilidades em casa

O ariano típico:

- se aborrece facilmente quando não pode "cantar de galo" em seu galinheiro
- alterna uma atividade febril com um relaxamento total
- não gosta de se sentir tolhido
- gasta dinheiro para que as coisas funcionem bem em casa
- muda de endereço quando não é capaz de se sentir seguro em casa

Interesses de lazer

O ariano gosta de exibir suas habilidades e sua natureza competitiva tanto no plano físico quanto no plano mental. Gosta de esportes competitivos, de longas caminhadas junto à natureza e de acampar. Também gosta de jogar cartas e participar de outros jogos e atividades que lhe deem a oportunidade de vencer.

O ariano típico aprecia os seguintes passatempos

- *hobbies* que envolvam ferramentas metálicas ou de corte, como carpintaria, colagem ou a criação de colchas de retalhos
- atividades físicas individuais (não esportes de equipe)
- competições
- artes marciais
- viagens de aventura
- reformar a casa
- ver outras pessoas fazendo aquilo que ele mesmo sabe fazer muito bem

Do que o ariano gosta

- vencer
- objetos feitos à mão
- ganhar dinheiro fácil
- roupas novas
- flores vermelhas
- comidas apimentadas
- carros velozes
- festas-surpresa
- satisfação instantânea
- presentes personalizados

Do que o ariano não gosta

- atrasar-se
- restrições de qualquer tipo
- ser derrotado
- sentir fome
- ser passado para trás
- ficar na fila
- indecisão
- pessoas dissimuladas
- comidas simples demais

O lado secreto de Áries

Dentro de todas as pessoas fortemente influenciadas pelo signo de Áries há uma alma dócil, inocente e ingênua, que gostaria de não ter de lutar tanto para que as coisas sejam do jeito que ela sabe que têm de ser. A natureza agressiva de Áries oculta uma vulnerabilidade básica que se alimenta dos elogios e do afeto de pessoas queridas e confiáveis para poder aguentar as palavras e atos vingativos daqueles que se veem como objetos das suas atitudes intempestivas.

Marte

O planeta Marte rege o signo de Áries. Desde tempos muito antigos, Marte é conhecido como o "planeta vermelho de raiva" e leva o nome do deus romano da guerra. As modernas explorações espaciais revelaram que a superfície desse planeta parece ter sido devastada pela guerra.

Porém, essa imagem de um ente fogoso, impaciente e sempre pronto a agir não esgota todos os sentidos astrológicos de Marte. Esse planeta representa a força de vontade, a energia que permite às pessoas buscar, adquirir e conquistar o que querem. Marte é o modo pelo qual as pessoas afirmam a própria individualidade. Graças a Marte, o indivíduo se fortalece por meio de desafios, competições e debates, sendo obrigado a confrontar-se com a força de seus desejos pessoais e de sua dedicação. Marte rege a cabeça e especialmente o rosto. Também rege todos os tipos de armas.

Como Marte, o ariano é "gente que faz". Inspira heroicamente seus compatriotas e é uma força com quem os adversários têm de se haver. A energia de Marte ajuda o ariano a alcançar seus objetivos sem abrir mão de seus princípios. Caso essa energia seja direcionada para uma agressividade cega e hostil, o ariano perceberá rapidamente que ele não é a única pessoa a ter desejos fortes.

Como criar um ariano

A criança de Áries, mais do que as nascidas sob praticamente qualquer outro signo, precisa saber que é amada e valorizada. Apesar de sua aparência de coragem, os abraços e constantes demonstrações de afeto são essenciais, sobretudo depois de sobressaltos emocionais.

É preciso ajudar os jovens arianos a aceitar o fato de que todos nós temos medos e limitações e que também essas coisas têm sua função – nos impedir de fazer aquilo que não devemos. Caso não aprendam essa lição, é possível que seus medos se transformem em fobias.

As crianças de Áries exploram tudo o que lhes parece novo, até terem a sensação de terem entendido do que se trata. Depois, agem como se fossem especialistas no assunto e correm riscos que estão muito além do seu real nível de experiência. As pessoas que cuidam delas devem expandir continuamente os limites daquilo que é ensinado, para diminuir a tendência de as crianças arianas se tornarem sabichonas e temerárias.

Simplesmente dizer "não" a uma criança ariana não funciona; tampouco vale a pena usar de persuasão ou dar o exemplo de outras crianças obedientes. As crianças de Áries, qualquer que seja a sua idade, reagem melhor quando são confrontadas com um desafio. Caso você lhe dê uma prova a ser superada, ela entrará em ação para mostrar que é melhor que qualquer outra pessoa – mesmo que tenha de fazer algo de que não gosta.

A criança ariana

A típica criança ariana:

- faz escândalo, mas logo se recupera
- presta atenção e deseja atenção
- tem natureza competitiva
- é capaz de brincar sozinha
- é teimosa
- estuda em períodos curtos e intensos
- tem natureza amorosa e demonstra afeto
- não tem medo de ser diferente
- pode ter medos incomuns

O ariano como pai ou mãe

O típico pai ou mãe ariano:

- brinca como uma criança
- manifesta apreciação e elogia os filhos
- é capaz de criar todo um mundo imaginário
- às vezes é rude e rigoroso
- cria filhos dotados de uma sadia autoestima
- pode ser controlador

- defende corajosamente seus entes queridos
- demonstra afeto e generosidade

Saúde

Na astrologia, o signo de Áries rege a cabeça e o rosto. Tudo aquilo que acontece na cabeça de um ariano – especialmente os sentimentos de estresse causados pelo medo da humilhação ou pela perda de um prazo ou de uma oportunidade – influencia fortemente o que acontece em seu corpo e o torna suscetível a dores de cabeça, dores de dente e inexplicáveis nevralgias em torno da mandíbula. O excesso de trabalho pode levar o ariano ao colapso. Ele é tão ocupado que não tem tempo para ficar doente, mas, quando fica, também se recupera rapidamente. O ariano tem de tomar cuidado com sua tendência de fazer tudo rápido demais, pois pode se cortar com facas ou tesouras. Deve cuidar, também, para não forçar os olhos. Breves "pausas para descanso" fazem bem ao ariano: um banho quente, alguns minutos balançando numa rede, uma caminhada ao ar livre – essas pequenas coisas têm sobre eles um efeito maravilhoso.

ARIANOS FAMOSOS

Ana Maria Braga
Johann Sebastian Bach
Alec Baldwin
Chico Xavier
Marlon Brando
Ronaldinho Gaúcho
Charlie Chaplin
Roberto Carlos
Russell Crowe
Leonardo da Vinci
Céline Dion
Pedro Bial
Antônio Fagundes
Paolla Oliveira
Juliana Paes
Elton John
Eddie Murphy
Sarah Jessica Parker
Diana Ross
Bruno Gagliasso
Vincent van Gogh
Anderson Silva
Reese Witherspoon

"É fácil prever pelo movimento dos astros o melhor momento para fazer algo, pois os astros nos informam as puras tendências potenciais dos tempos."

– AMBIKA DEVI

TOURO
21 de abril – 20 de maio

TOURO

21 de abril – 20 de maio

Planeta: Vênus
Elemento: Terra
Qualidade: Fixo
Dia: sexta-feira
Estação: primavera
Cores: verde-folha, azul, rosa
Plantas: margarida, magnólia, madressilva
Perfume: rosa
Pedras: ágata-musgo, esmeralda, malaquita, quartzo-rosa
Metal: cobre
Qualidades pessoais: lealdade, pragmatismo, bom humor, confiabilidade, jeito para a música

Palavras-chave

Os termos a seguir são chamados "palavras-chave" porque podem ajudar você a decifrar o sentido essencial do signo astrológico de Touro. Cada palavra-chave representa questões e ideias de suma importância e destaque na vida das pessoas nascidas tendo Touro como signo solar. Você vai constatar que, em geral, cada taurino incorpora pelo menos uma destas palavras-chave em seu modo de viver:

devagar se vai ao longe – dar valor ao dinheiro – natureza – prosperidade – cautela – controle – segurança – tenacidade – textura – beleza – hábitos – suprimentos – gentileza – calma – romance – sensualidade – sentimentalidade – harmonia – alimento – organização – conservadorismo – hospitalidade – construção – trabalho com minerais

O sentido simbólico de Touro

Touro é um dos quatro signos Fixos do zodíaco (os outros três são Escorpião, Aquário e Leão). Os signos Fixos são teimosos, estáveis e resolutos e compreendem bem o mundo material.

Touro também é um dos três signos de Terra (os outros dois são Virgem e Capricórnio). Os signos de Terra se envolvem com o mundo físico – aquilo que conseguem ver, sentir, ouvir e tocar. A Terra é um símbolo do ambiente em que ocorre o crescimento. Os signos de Terra incorporam as ideias de nutrição, segurança e proteção e favorecem a moderação e o conservadorismo.

Para obter os confortos terrenos de que precisam, os taurinos exercem seu imenso poder de maneira persistente e metódica, independentemente de qualquer pessoa ou coisa que procure fazê-los desviar-se de sua rotina. Têm melhor desempenho quando conseguem concentrar-se e pôr em ação um plano, especialmente quando sabem que obterão como recompensa o prazer e o luxo. A espontaneidade, para eles, representa um desafio e uma fonte de tensão. Embora não sejam sempre os primeiros a adotar uma ideia nova, quando começam algo são dedicados e vão até o final. São confiáveis e extremamente fiéis – a ideias, tradições e às pessoas que fazem parte de sua vida.

Como reconhecer um taurino

As pessoas que ostentam as características físicas que distinguem o signo de Touro têm um olhar bondoso, rosto redondo e compleição forte. Têm um corpo robusto, musculoso e compacto; às vezes têm pés largos e mãos curtas. Gostam de usar acessórios no pescoço, bem como roupas confortáveis feitas de tecidos sensuais e de cores terrosas. Tendem a ganhar peso quando não se exercitam regularmente; deslocam-se devagar, com determinação.

O comportamento e os traços de personalidade típicos de Touro

- tem determinação de chegar ao sucesso
- mostra-se tímido com pessoas que não conhece
- resiste bem a situações difíceis
- gosta de cantar
- é um amigo fidelíssimo
- tem um sólido bom senso
- gosta de boa comida e restaurantes finos
- tem gosto para o luxo e a beleza
- se comporta de maneira pragmática e teimosa
- trabalha duro para garantir a própria segurança
- avalia as situações em termos financeiros
- é silencioso e despretensioso
- pode ser cauteloso com as outras pessoas e alimentar suspeitas
- usa seu charme para conseguir o que quer

O que motiva o taurino?

Os taurinos valorizam uma abordagem de meio-termo. Não tendem a seguir as tendências da moda e acreditam em ser eles mesmos. Precisam entender que a fidelidade a seus valores não os obriga a ter medo de mudar de ideia ou de hábitos de vez em quando. Não são rápidos para entrar numa briga, mas quando engolem demais a raiva podem ficar doentes, literal ou figurativamente; ou então explodem de repente, como um touro de verdade.

A personalidade taurina em sua expressão positiva

Os taurinos contentes com a vida irradiam saúde e felicidade. Encontram-se em sua melhor forma quando se ocupam de tarefas úteis que tornam a vida deles e a das pessoas à sua volta mais bela, harmoniosa e cheia de satisfação. Sua capacidade de ver com certo distanciamento os acontecimentos bons e maus os habilita a abordar as situações de modo prático e não emocional.

Pelo lado positivo

Os taurinos que manifestam as características positivas associadas a seu signo também tendem a ser:

- pacientes e gentis
- atentos à estética
- criativos na música e nas artes
- apreciadores dos talentos alheios
- práticos com seus recursos
- bons para cozinhar e cuidar de plantas
- expressivos
- tranquilos e centrados
- confiáveis em matéria de prazos

A personalidade taurina em sua expressão negativa

O taurino que se sente incomodado com as mudanças ou tem medo de mudar está manifestando uma das características negativas do seu signo. Muitas vezes, os taurinos se aferram às ideias tradicionais por hábito, não por princípio. Embora essa atitude os favoreça durante a maior parte do tempo, também pode limitar seu progresso e seu sucesso.

Traços negativos

Os taurinos que manifestam as características negativas associadas a seu signo também tendem a ser:

- demasiado centrados nos bens materiais
- lentos
- propensos a permanecer por muito tempo em relacionamentos doentios
- desmazelados
- demasiado conservadores
- sentem-se constrangidos na companhia de pessoas de espírito livre
- céticos
- autocomplacentes

Peça a um taurino

Peça a um taurino que lhe diga o que fazer para aumentar seu poder e seu prestígio. O taurino nunca se recusa a dar boas dicas e o faz de modo tão gentil que você nem sequer sentirá que está sendo criticado. Por pensar e planejar dentro de um quadro de semanas e não de dias, de anos e não de meses, o taurino tem uma visão de longo prazo – e espera que você também tenha. A frase "a pressa é inimiga da perfeição" resume muito bem o ponto de vista dos taurinos.

A amizade com os taurinos

Os taurinos são amigos atenciosos, charmosos, amorosos e cem por cento confiáveis. Pelo fato de não gostarem muito de se apoiar em outras pessoas, podem servir de apoio aos outros. O bom taurino vai demonstrar total fidelidade a seus amigos. Em matéria de amizade, ele procura pessoas estáveis e dedicadas, não muito afeitas a entrar em pânico e a mudar de ideia. Os nascidos sob o signo de Touro gostam de amizades calorosas com pessoas de bom gosto, com quem possam compartilhar uma saborosa refeição e conversar sobre assuntos que envolvam arte, investimentos, beleza e jardinagem. Muito afetuosos com os amigos, os taurinos apreciam pessoas calmas e amorosas que tenham qualidades semelhantes às suas. O centro de seu universo é a segurança, tanto física quanto emocional; mediante o dom da amizade, eles fornecem esse tesouro às outras pessoas.

Em busca do amor

Os taurinos gostam de simplicidade. O taurino sabe que está apaixonado quando simplesmente quer estar na companhia de uma pessoa e ver essa pessoa vivendo sua vida normal. Por não apreciar sinais de fraqueza física ou emocional, o típico taurino gosta de parceiros com personalidade tão forte quanto a dele. Adora possuir e compartilhar poder e recursos. As pessoas rudes, de mau gosto ou de voz desagradável terão dificuldade para atrair um taurino.

Embora os taurinos não sejam, em geral, demasiado exigentes, têm certos critérios que precisam ser atendidos. Não gostam de pessoas tagarelas ou superficiais, e é preciso muito mais que uma bela aparência e um certo charme para fazê-los se apaixonar perdidamente. Como todas as outras pessoas, os taurinos gostam de elogios, mas são equilibrados demais para se deixarem seduzir por belas palavras somente. Sentem atração por pessoas que agem com naturalidade e falam com simplicidade e sinceridade – pessoas que não sentem medo de serem quem são.

Para encontrar aquela pessoa especial

Para o taurino, o amor é uma experiência natural, sensual e prazerosa que tem o potencial de durar para sempre. O taurino se atrai tanto pela beleza física quanto pelos sucessos e conquistas de seu parceiro. Por ser, no fundo, um romântico, ele é seduzido por fragrâncias agradáveis, flores, cores e músicas. Quando é fiel àquilo em que acredita, o relacionamento se torna muito melhor. E, quando encontra seu verdadeiro amor, o taurino finalmente descobre a satisfação na vida.

O primeiro encontro

Um bom primeiro encontro seria um concerto, um show ou um jogo de futebol, pois os taurinos adoram música e gostam de todos os eventos sociais, culturais e esportivos. Para definir um restaurante, o melhor é que o próprio taurino o escolha ou seja consultado de antemão, pois os nativos deste signo costumam ser excelentes cozinheiros e podem ser exigentes em matéria de comida. Pelo fato de falar pouco com quem não conhece bem, o taurino tende a não partilhar muitas informações pessoais no primeiro encontro.

O taurino e o amor

O taurino aborda o amor de maneira lenta e paciente. É importante para o taurino que a pessoa amada compartilhe seus gostos e desejos pessoais. Os taurinos adoram o luxo e o conforto. Por isso, embora apreciem a natureza, não gostam de acampar. Se o companheiro também não amar o conforto, os dois acabarão se afastando. Quando apaixonados, os taurinos são bondosos, atenciosos e gentis. Na cama, são naturais e sensuais; têm uma imagem saudável do próprio corpo.

Amor eterno

O taurino pode se sentir magoado e decepcionado quando percebe que seu companheiro é um ser humano com imperfeições e defeitos. Porém, quando o relacionamento não vai bem, o taurino também pode sentir que deve manter uma aparência de devoção cega pelo companheiro ou recorrer a algum outro tipo de fingimento. Na realidade, o que ele precisa é de uma situação na qual os dois se amem pelo que realmente são; os taurinos não se dão bem em relacionamentos em que as duas pessoas tentam mudar uma à outra. Precisam buscar um relacionamento que seja uma união de dois indivíduos tão independentes e seguros quanto possível. Se o taurino se relacionar com outra pessoa não por ela ser quem é, mas pelo que pode lhe oferecer, ele não será feliz.

Expectativas no amor

Os taurinos fazem questão de ter expectativas elevadas sobre seus parceiros, especialmente no começo do relacionamento. Sua preocupação fundamental é que o amor tenha por base a realidade e que eles não se envolvam numa paixonite superficial que não tenha o potencial de durar. Por terem uma visão bastante realista do romance, os taurinos raramente se decepcionam no amor. Não tendem a entrar em relacionamentos baseados unicamente no sexo e na diversão, nem têm a expectativa de que um caso amoroso que comece desse jeito se desenvolva e se torne mais profundo e mais significativo.

Para o taurino, o valor supremo num relacionamento é a lealdade. Ele quer que suas ideias, desejos e sonhos sejam aplaudidos e apoiados. Também gosta de receber elogios sinceros por sua aparência e suas realizações e conquistas.

O que o taurino procura

O taurino precisa viver em harmonia com seu parceiro. Embora não tenha a expectativa de que o outro concorde com ele em tudo, quer um relacionamento no qual as disputas – de qualquer tipo – sejam resolvidas com respeito e bom humor. Os taurinos podem ser atraídos pela aparência de alguém, mas somente se essa pessoa tiver um espírito igualmente belo. Apreciam a inteligência, mas não costumam se interessar por quem gosta de exibir seus conhecimentos.

Se o taurino soubesse...

Se o taurino soubesse quanto sua sabedoria aparentemente prosaica é apreciada pelas pessoas que o rodeiam, ele jamais se perguntaria, em segredo, se os outros o consideram interessante. Embora não se preocupem com sua capacidade de comunicação, os taurinos às vezes sentem que não são tão espirituosos e sábios quanto as outras pessoas. Precisam perceber que é a força e a sinceridade de suas palavras que tornam tão verdadeiras e fascinantes as emoções que eles exprimem.

Casamento

O taurino é uma pessoa estável e sensata, que valoriza o lar e a família. Embora seja um parceiro dedicado, também é capaz de ser profundamente possessivo. Os taurinos gostam de sentir-se apreciados e valorizam presentes caros. Nenhum parceiro pode obrigar o taurino a tomar uma decisão sem lhe dar tempo para pensar e refletir. Por outro lado, os taurinos são altamente capacitados e têm um entendimento instintivo de o que fazer em situações importantes. Apreciadores dos confortos desta vida, gostam de casas bonitas e elegantes. Não surpreende que às vezes sejam um pouco obstinados em suas opiniões, fato que pode, em raras ocasiões, levá-los a tiranizar emocionalmente o companheiro. No sexo, são intensos, mas delicados.

O signo oposto a Touro

Escorpião é o signo oposto a Touro. Pelo fato de se tratar de dois signos teimosos, as relações entre eles podem ser tensas. No entanto, Escorpião é capaz de ensinar Touro a entender as necessidades e motivações das outras pessoas e, em última análise, as suas próprias. Ao passo que a intensidade e a veemência de Escorpião espelham a determinação de Touro, este tem muito a aprender com aquele sobre as bases espirituais do amor e do compromisso. Como Touro, Escorpião não perdoa facilmente.

Compatibilidades

No geral, quando as duas pessoas manifestam as características típicas do seu signo, os relacionamentos íntimos entre um taurino e outro indivíduo podem ser descritos da seguinte maneira:

Touro com Touro:	Harmonioso, mas às vezes tende ao tédio
Touro com Gêmeos:	Harmonioso, apesar das consideráveis diferenças de personalidade
Touro com Câncer:	Harmonioso, pois o taurino compreende a sensibilidade canceriana
Touro com Leão:	Difícil, constantemente marcado por discussões sobre dinheiro
Touro com Virgem:	Extremamente harmonioso – uma história de amor cheia de ternura
Touro com Libra:	Turbulento, mas cheio de afeto e paixão
Touro com Escorpião:	Extremamente difícil, com períodos de paixão obsessiva
Touro com Sagitário:	Turbulento quando Touro tenta sujeitar Sagitário ao conformismo
Touro com Capricórnio:	Harmonioso em razão da compatibilidade de valores e objetivos
Touro com Aquário:	Difícil, mas possível quando os parceiros têm senso de humor
Touro com Peixes:	Harmonioso, pois os parceiros dão apoio aos sonhos um do outro
Touro com Áries:	Harmonioso, mas os limites de ambos devem ser respeitados

Quando as coisas não dão certo

Quando os taurinos se sentem à vontade num relacionamento romântico, podem ter dificuldade para lidar com a ideia de fazer mudanças, mesmo que o relacionamento não esteja indo bem. Por causa disso, e na esperança de que as coisas melhorem, tendem a abafar a infelicidade e a decepção. No entanto, quando começam a compreender que só conseguirão recuperar o próprio poder quando deixarem para trás esse relacionamento falido, é exatamente isso que farão, sem pensar nas consequências.

Touro no trabalho

Os taurinos nunca são exibidos nem dramáticos. Acreditam que suas tarefas devem ser cumpridas com trabalho duro, perseverança e dedicação. Não é necessário nem importante que recebam aplausos por seu desempenho no local de trabalho. Basta-lhes saber que estão trabalhando bem e ganhando condignamente.

A personalidade afável do taurino é uma grande vantagem no local de trabalho. Confiável, estável e naturalmente dotado de uma atitude profissional, ele é um ótimo assistente pessoal. Por maior que seja o número de tarefas que deva completar num único dia, nunca parece sobrecarregado; e, em razão de sua discrição, seu empregador pode lhe confiar segredos. O taurino não tende a fazer fofocas nem a se envolver em brigas de panelinhas.

Embora tenha mentalidade independente e seja uma pessoa metódica e sistemática, o taurino é excelente como membro de uma equipe, pois, para ele, nada é mais importante que terminar o que deve ser feito. Embora a princípio seja difícil convencê-lo a lidar com uma tarefa de um jeito que ele não conhece, ele aceitará a ideia nova de todo o coração assim que compreender que esse método aumentará a possibilidade de o objetivo ser alcançado de modo a beneficiar todos os envolvidos.

Profissões típicas

Os taurinos se dão bem no setor bancário e financeiro e em transportes, construção, manutenção, paisagismo, agricultura, pecuária, engenharia e matemática. O signo de Touro também é associado às floriculturas, ao ramo de alimentos, à clínica geral em medicina, às posições de secretariado executivo, às ocupações estáveis, às instituições estabelecidas e a qualquer tipo de trabalho que envolva propriedades fundiárias, investimentos, minerais e outros bens duráveis. Os taurinos têm uma afinidade natural pelo trabalho manual. Todas as carreiras que ajudam a tornar mais belo e harmônico o ambiente de uma pessoa lhes dizem respeito de modo particular.

O perfeccionismo e uma determinação que pode acabar se tornando dogmática são traços bem conhecidos da perseverante personalidade taurina. Nenhum detalhe será esquecido. A decoração de interiores, a arquitetura e as belas-artes – especialmente a escultura, a moda, a música em geral e a arte do canto em particular – também são áreas excelentes para os taurinos. Muitas vezes dotados de uma voz agradável, eles se dão bem na área de vendas e em qualquer trabalho que envolva a oratória.

Comportamento e capacidades no trabalho

No trabalho, o taurino típico:

- valoriza a tradição
- detesta ser interrompido
- demonstra uma dedicação estável e confiável
- necessita de uma rotina e de planejamento
- cumpre os prazos
- não desiste
- precisa de objetivos claros

O taurino como empregador

O *típico chefe taurino:*

- sabe julgar o caráter das pessoas
- trabalha para aumentar a renda da empresa
- busca lealdade e honestidade
- não toma decisões apressadas
- espera ser respeitado
- não cede a pressões
- não pode ser manipulado

O taurino como empregado

O *típico funcionário taurino:*

- não gosta de prestar serviços como *freelancer*
- se comporta com honestidade
- lida com as situações de maneira prática e sensata
- demonstra pontualidade
- raramente se irrita
- é excelente para coisas que envolvam números

O taurino como colega de trabalho

Para os taurinos, compartimentar a vida é uma coisa normal. Por isso, eles quase nunca levam os problemas do trabalho para casa, nem discutem assuntos domésticos no trabalho. Embora sejam agradáveis e amistosos, raramente criam amizades profundas com os colegas.

Detalhes, detalhes

Os taurinos, mais que os nativos de qualquer outro signo, conhecem bem o significado da frase "Deus está nos detalhes". Embora deem a impressão de trabalhar extremamente devagar, os taurinos creem que é melhor demorar um pouco mais para cumprir uma tarefa do que cometer muitos erros cumprindo-a rapidamente.

Os nativos de alguns signos ficam entediados quando têm de cuidar de detalhes, mas isso não acontece com o taurino. Na verdade, é através dos detalhes que ele é capaz de perceber o significado geral de um projeto. Tem habilidade natural para trabalhar com números e é muito melhor para facilitar a implementação das ideias de outra pessoa do que para ser o "homem das ideias" por trás de um projeto. Não se sente insultado nem desvalorizado quando é encarregado de um trabalho mais detalhista que criativo.

Os taurinos raramente perdem um dia de trabalho. Isso se deve não somente à sua lealdade e aos seus hábitos saudáveis, mas também à ideia de que os melhores projetos são aqueles que se desenvolvem com constância e a longo prazo. A autoestima do taurino melhora quando ele se sente bem na sua profissão.

Dinheiro

Touro é extremamente avesso ao risco e não se dá bem com nenhum tipo de jogo de azar. No entanto, motivado pelo desejo de obter e acumular bens materiais, o taurino pode se tornar obcecado por assegurar a posse de um amplo suprimento das coisas que lhe parecem importantes para seu conforto e felicidade. As preocupações com dinheiro podem causar estresse nos taurinos, que, por isso, devem procurar não viver no limite de seus recursos. Devem pôr seu dinheiro em investimentos seguros e de baixo risco, como uma conta poupança ou uma previdência privada; não devem procurar ser gênios das finanças. Os recursos financeiros já existentes devem ser adequadamente direcionados, usados e desenvolvidos.

Alguns taurinos têm inveja das posses de seus amigos e familiares mais ricos, mas a maioria deles aprecia a sabedoria de ficarem contentes com as coisas boas que já possuem.

Em casa

Para os taurinos, o lar é o lugar onde eles querem se sentir absolutamente seguros. A beleza é um fator importante de seu ambiente, mas o conforto é ainda mais valioso. A maioria dos taurinos gosta mais de cozinhar, arrumar a casa e trabalhar no jardim que de se engajar em atividades sociais.

Comportamento e habilidades em casa

O taurino típico:

- gosta de consertar ele mesmo o que precisa de conserto em casa
- é especialista em planejar refeições nutritivas
- mantém a casa bem organizada
- gosta de comandar projetos de decoração
- acredita que a harmonia se expressa através das cores

Interesses de lazer

Embelezar a casa, o escritório e o quintal, ou ir a um concerto, peça de teatro ou exposição de arte, ou ainda a qualquer outro evento cultural, são atividades de que os taurinos provavelmente vão gostar, desde que sejam capazes de relaxar, não precisem se apressar e possam saborear a beleza e a criatividade da experiência. Em casa, os taurinos gostam de se esparramar num sofá aconchegante e ouvir suas músicas favoritas ou assistir a um filme romântico.

O taurino típico aprecia os seguintes passatempos
- aumentar sua coleção de CDs
- projetos de artesanato
- reformas na casa
- lidar com plantas e flores
- contar dinheiro
- cochilar

Do que o taurino gosta
- joias
- esculturas
- jardins
- cores e formas sensuais
- uma rotina regular
- uma refeição maravilhosa
- um ambiente bonito
- presentes caros
- férias
- chocolate

O lado secreto de Touro

Os taurinos gostam das coisas boas da vida e querem ser ricos e aposentar-se rodeados de beleza. Lá no fundo, porém, temem não ter recursos materiais suficientes para realizar seus sonhos. Os nascidos sob o signo de Touro gostam de parecer calmos, frios e controlados; porém, quando finalmente expressam sua raiva, podem fazê-lo de maneira altamente destrutiva para as pessoas que os rodeiam. Isso os perturbará tanto que levarão um bom tempo para recuperar a compostura e a autoestima.

Vênus

Vênus – conhecido na astrologia como o planeta do amor, do afeto, dos valores e da sensualidade – rege o signo de Touro. O sociável Vênus também rege as festas e os encontros agradáveis. Para alcançar seus objetivos, atrai somente aquilo que quer e rejeita o restante, e por isso o bom gosto e os valores são dois talentos especiais seus. O amor e a beleza de Vênus têm o poder de nos unir e nos curar. Vênus também rege os sentidos do tato, do paladar e do olfato.

O taurino, como o planeta que o rege, pode ser afetuoso e amigo da boa vida, desde que leve uma existência pacífica e segura. Os taurinos raramente se desviam do seu código de ética pessoal, mesmo quando partem em busca do prazer. As pessoas cujo mapa natal tem forte influência do signo de Touro tendem a possuir um conjunto muito firme de valores pessoais.

Como criar um taurino

As crianças novas do signo de Touro reagem a instruções práticas e ao bom senso. Não gostam de ser obrigadas a fazer nada, mas tendem a ouvir e obedecer a instruções tranquilas e gentis, especialmente se forem dadas com paciência e com um tom de voz suave. Conquanto sejam, em geral, bem-comportadas e dóceis, também sabem ser teimosas. Essa característica se manifesta quando se confrontam com novos desafios, como, por exemplo, ter de partilhar suas coisas com outras crianças. Com os jovens taurinos, nunca tenha pressa. A abordagem que funciona melhor com eles é a que vai devagar e sempre. Para lidar com crianças taurinas, vale a pena enfatizar a rotina e propor-lhes objetivos que não mudem.

O afeto físico também é essencial para o crescimento saudável de qualquer criança taurina. O jovem taurino precisa, ainda, de um ambiente harmonioso onde possa florescer. Cores, sons e aromas afetam profundamente essas crianças. Caso sejam rodeadas de tons de verde-folha, azul-claro e cor-de-rosa, bem como de música suave, se sentirão tranquilas e reconfortadas.

Convém ensinar à criança taurina a importância da ética e do compromisso. O ensino pelo exemplo é crucial. Por meio dele, ela aprenderá importantes lições que poderão ser aplicadas na adolescência e na vida adulta.

A criança taurina

A típica criança taurina:

- reage bem ao encorajamento e a demonstrações de afeto
- tem, em geral, boa índole
- pode se destacar no canto ou em outras formas de música
- é mais forte do que se imagina
- é, em regra, calma e afetuosa, e gosta do contato físico
- pode ser teimosa
- pode não gostar de roupas de lã, que pinicam
- talvez tenha tendência a sofrer de dor de garganta
- geralmente trabalha devagar na escola, mas faz o que tem de fazer
- pode ser egoísta com brinquedos e outros objetos de sua propriedade
- deve ser encorajada a praticar esportes
- provavelmente terá muitos amigos

O taurino como pai ou mãe

O típico pai ou mãe taurino:

- disciplina os filhos sensatamente

- os encoraja a aprender música
- acredita que as crianças devem frequentar eventos culturais
- ensina os filhos que é importante estarem sempre bem--arrumados
- gosta de cantar para os filhos
- encoraja os filhos a fazerem amigos
- cria uma atmosfera de harmonia em casa

Saúde

Os taurinos geralmente gozam de boa saúde ao longo de toda a vida, mas, quando ficam doentes, os problemas tendem a acontecer na região dos sínus, na garganta e nos pulmões. Essas partes do corpo podem estar sujeitas a infecções insistentes. Problemas no pescoço e na voz são outras queixas comuns, pois o pescoço é a parte do corpo regida pelo signo de Touro.

Os taurinos tendem a gostar de doces, os quais, ingeridos com frequência ou em abundância, podem trazer problemas de peso. Os nativos do signo de Touro também devem evitar toda culinária excessivamente rica em gordura ou de alta contagem calórica. Devem, ainda, afastar-se de alimentos que contenham muito sódio ou cafeína, pois estes podem prejudicar o organismo. Para manter a saúde, os taurinos precisam exercitar-se regularmente e, em particular, devem fazer longas caminhadas. Touro ama ficar ao ar livre; por isso, é bom que desenvolva o saudável hábito de meditar em jardins e junto à natureza.

TAURINOS FAMOSOS

David Beckham

Janete Clair

Cauã Reymond

James Brown

Mariana Ximenes

Catarina, a Grande

Cher

Dinho Ouro Preto

Penelope Cruz

Salvador Dalí

Fausto Silva

Rainha Elizabeth II

Sigmund Freud

Audrey Hepburn

Roberto Justus

Edu Guedes

Lucélia Santos

Ângela Maria

Jack Nicholson

Al Pacino

Michelle Pfeiffer

William Shakespeare

Bruno Mazzeo

Uma Thurman

Orson Welles

"A astrologia é uma das primeiras tentativas feitas pelo homem para encontrar a ordem oculta por trás ou dentro do caos confuso e evidente que existe no mundo."

– KAREN HAMAKER-ZONDAG

GÊMEOS
21 de maio – 20 de junho

GÊMEOS

21 de maio – 20 de junho

Planeta: Mercúrio
Elemento: Ar
Qualidade: Mutável
Dia: quarta-feira
Estação: primavera
Cores: branco, amarelo
Plantas: ervilha-de-cheiro, lírio-do-vale, hortelã
Perfume: alfazema
Pedras: cristal de quartzo, olho-de-tigre, topázio, turmalina bicolor
Metal: mercúrio
Qualidades pessoais: espirituosidade, mutabilidade, versatilidade, habilidade no falar, pendor para a leitura

Palavras-chave

Os termos a seguir são chamados "palavras-chave" porque podem ajudar você a decifrar o sentido essencial do signo astrológico de Gêmeos. Cada palavra-chave representa questões e ideias de suma importância e destaque na vida das pessoas nascidas tendo Gêmeos como signo solar. Você vai constatar que, em geral, cada geminiano incorpora pelo menos uma destas palavras-chave em seu modo de viver:

pressa – lógica – habilidades sociais – comunicação – travessura – inquietude – fofoca – versatilidade – curiosidade – precocidade – vida do espírito – central de boatos – propaganda – espirituosidade – tagarela – vendedor – viagens – meios de comunicação – adaptabilidade – números – estimativa – comentários breves – informação

O sentido simbólico de Gêmeos

Há milhares de anos, os sábios anciãos escolheram muito bem um par de gêmeos como símbolo deste signo. Dentro de cada geminiano, é como se houvesse duas pessoas com dois conjuntos diferentes de valores e opiniões. Os geminianos personificam esse conceito de dualidade e sabe-se que eles se saem melhor quando têm duas ou mais coisas para fazer ao mesmo tempo.

Os nascidos sob o signo dos gêmeos são excelentes comunicadores de informações, tanto no que se refere a transmitir o que aprenderam quanto a expressar suas opiniões. No entanto, apesar de falarem com clareza, sua tendência de usar palavras complicadas e frases compridas muitas vezes impede que os outros entendam exatamente o que querem dizer.

Os geminianos se interessam por tudo e são hábeis em tudo aquilo a que se disponham a dedicar seu veloz intelecto. Gêmeos também é o mais versátil de todos os signos: é raro que um geminiano seja especialista em apenas uma coisa. Além disso, os nascidos sob este signo são donos de extrema destreza mental. Seu desejo de compreender e se comunicar rapidamente produz tanto uma curiosidade infinita quanto a capacidade de assimilar todos os aspectos de uma questão.

Gêmeos é um dos quatro signos Mutáveis do zodíaco (os outros três são Sagitário, Peixes e Virgem). Os signos Mutáveis são flexíveis e variáveis – sabem se adaptar. Os geminianos têm curiosidade de conhecer tudo o que pode ser conhecido e sempre estão mais que dispostos a adaptar suas crenças quando obtêm informações que chamam a sua atenção. Todo signo Mutável tem um talento inato para a dualidade, mas Gêmeos, pela sua própria natureza, é aquele em que esse traço é mais forte.

O geminiano tem uma abundância de energia intelectual, ligada ao fato de ser um dos três signos de Ar (os outros dois são Aquário e Libra). Os signos de Ar têm em comum o desejo de comunicação e de liberdade de expressão, pensamento e movimento. O Ar é uma metáfora dos pensamentos e ideias invisíveis que motivam o geminiano.

Os geminianos adoram fofocar. Embora a maioria deles não faça mais fofoca do que as outras pessoas, eles sabem direitinho como se dedicar a essa atividade e a apreciam mais que a média. Quando um geminiano lhe diz algo, você pode ter certeza de que essa informação está tão atualizada quanto possível. Os geminianos adoram descobrir o que está acontecendo neste exato momento e fazem de tudo para saber um pouco sobre cada coisa. Sua curiosidade é lendária. Pensam que, se tivessem tempo suficiente e acesso a todas as informações, poderiam chegar a saber *tudo*.

Como reconhecer um geminiano

Muitos geminianos são altos e têm braços e pernas compridos. Embora sejam ágeis e se movimentem com leveza, podem ser um pouco desajeitados quando estão com pressa. Pelo fato de seus nervos terem muita energia, têm dificuldade para parar quietos e tendem a usar as mãos para se expressar. Geralmente riem e sorriem bastante, e quase sempre parecem mais jovens do que realmente são.

O comportamento e os traços de personalidade típicos de Gêmeos

- amistoso e extrovertido
- inteligente e espirituoso
- dotado de grande habilidade social
- especialista em contar histórias e piadas
- dá conselhos úteis
- otimista e alto-astral
- se interessa pelos interesses dos amigos
- adora ler
- tem curiosidade por muitos temas
- é especialista em fazer várias coisas ao mesmo tempo
- pode mudar de ideia com frequência

O que motiva o geminiano?

Os geminianos querem viver a vida plenamente e de tantas maneiras diferentes quanto for possível. Podem chegar até a viver uma vida dupla. Têm no mínimo duas opiniões sobre todas as coisas – quando estudaram um assunto a fundo, têm bem mais de duas. Têm fome de informação e saciam-na de todas as maneiras possíveis – por meio de livros, da televisão e de conversas cara a cara. Fazem praticamente de tudo para evitar o tédio – que, para o geminiano, é quase pior que a morte.

A personalidade geminiana em sua expressão positiva

Os geminianos que se interessam por todas as coisas expressam as melhores qualidades do seu signo: a versatilidade, a destreza e a inteligência. Quando o geminiano está feliz, é uma delícia estar ao lado dele, que demonstra sua inteligência sem ser esnobe nem superficial. Além disso, sua alegria é ajudar qualquer pessoa que não tenha tanta agilidade intelectual, conhecimento ou adaptabilidade quanto ele.

Pelo lado positivo

Os geminianos que manifestam as características positivas associadas a seu signo também tendem a ser:

- bem-falantes e divertidos
- adaptáveis e versáteis
- abertos a maneiras alternativas de pensar
- bons em trabalhos manuais
- joviais na atitude e na aparência
- espirituosos e charmosos
- inquisitivos e espertos
- graciosos e ágeis na mente e no corpo

A personalidade geminiana em sua expressão negativa

Poucos daqueles que veem o lado leve e alto-astral de Gêmeos chegam a suspeitar que a mesma pessoa possa, às vezes, se sentir tão desesperadamente perdida e sozinha. Isso é causado, em geral, pela tendência geminiana de se distanciar de seus sentimentos e examiná-los como se pertencessem a outra pessoa. Se o geminiano não tiver oportunidade de dar vazão ao seu amor e à sua necessidade de comunicação, ele pode se tornar crítico e sarcástico.

Traços negativos

Os geminianos que manifestam as características negativas associadas a seu signo também tendem a ser:

- propensos ao tédio
- nervosos e inquietos
- levianos e indignos de confiança
- impacientes e irritáveis
- pouco práticos ao lidar com dinheiro
- fofoqueiros e mentirosos
- precipitados para julgar
- pessoas sem palavra

Peça a um geminiano

Peça a um geminiano informações sobre como chegar a um determinado lugar. Os nascidos sob o signo de Gêmeos têm um sentido de direção infalível e, de quebra, dar-lhe-ão uma aula sobre a história do lugar e outras informações de interesse. Também se pode confiar neles quando o assunto são os detalhes do que está acontecendo pelo mundo, pois, por mais que sejam ocupados, os geminianos sempre conseguem parar para ler o jornal ou ver um noticiário na televisão ou na internet.

A amizade com os geminianos

Os geminianos são amigos espirituosos e divertidos, sempre dispostos a experimentar novas aventuras. Atraídos por conversas animadas e inteligentes, gostam de pessoas que partilham sua curiosidade sobre o mundo. Geralmente estimam a companhia de indivíduos que topem ou apreciem atividades espontâneas e planos feitos no calor do momento. Os geminianos nunca querem perder nada do que está acontecendo e, por isso, podem acabar chegando cedo demais ou se atrasando para as reuniões de amigos. Adoram fazer amizade e não são nem um pouco possessivos quando se trata de pôr seus contatos a serviço de um amigo.

Os geminianos divertem seus amigos com infinitas observações, histórias, fragmentos de informação e as últimas fofocas. Às vezes suas amizades não duram, pois o geminiano, irrequieto e superficial, se entedia facilmente e, por isso, está sempre pronto a seguir em frente, conhecer novas pessoas e fazer novos amigos.

Em busca do amor

Os geminianos às vezes se dão conta de que se interessam por mais de uma pessoa ao mesmo tempo, por mais que já estejam comprometidos com um relacionamento. Também é possível que várias pessoas estejam interessadas *neles*. Pode haver diferença considerável de idade, posição social ou nível educacional entre o geminiano e seu(s) parceiro(s), pois os nascidos sob o signo de Gêmeos veem a variedade como o tempero da vida, algo a ser saboreado e apreciado. Em vez de procurar pessoas muito parecidas com ele, o geminiano se entusiasma com as diferenças emocionais e espirituais. Em razão de sua natureza adaptável, tem facilidade para abraçar os interesses e passatempos de outras pessoas.

A leitura, a escrita, o aprendizado e o crescimento são partes importantes de qualquer novo relacionamento em que o geminiano entre. Para aumentar as chances de o amor crescer, é bom que os parceiros façam cursos juntos, ou desenvolvam juntos suas habilidades. Para o geminiano, a promessa de uma parceria intelectual pode ser o que mais o atrai em outro indivíduo. Ele considera praticamente impossível ser romântico com uma pessoa com quem não consiga se comunicar.

Pelo fato de o geminiano não ficar muito em casa e não prestar muita atenção às pessoas que o rodeiam, é possível que o companheiro fique com ciúmes. Esse tipo de comportamento pode até parecer leviano, mas, dada a natureza desse signo, é quase inevitável. Os geminianos gostam de estabelecer relações com várias pessoas ao mesmo tempo – quando não o fazem, podem se entediar. Às vezes, têm dificuldade para aceitar a ideia de que uma única pessoa seja capaz de satisfazer todas as suas necessidades. Porém, mesmo que aceite (talvez a contragosto) o conceito de fidelidade sexual, o geminiano típico sempre terá de procurar outros parceiros que o estimulem intelectual e emocionalmente.

Para encontrar aquela pessoa especial

Os geminianos adoram flertar e, às vezes, é difícil identificar quem é a pessoa especial entre as muitas pelas quais se apaixonam. Quando finalmente encontram essa pessoa, sentem medo e abandonam por completo a superficialidade; devem então tomar cuidado para não se tornarem excessivamente sérios e possessivos na tentativa de segurar o companheiro. Os geminianos precisam de uma comunicação estimulante. Tendem a encontrar seus pares românticos em lugares onde se sintam seguros, como fóruns de internet, livrarias, bibliotecas e museus. Qualquer coisa relacionada ao ensino e ao estudo – como debates e discussões – os deixa de bom humor.

O primeiro encontro

O primeiro encontro perfeito deve ocorrer num local propício para conversar. Dado que o geminiano sempre gosta de estar informado acerca dos últimos e mais importantes acontecimentos, um restaurante exclusivo e da moda seria um ambiente apropriado. O geminiano não dá muita importância à comida em si; o importante é o ambiente. Ir ao cinema, especialmente para assistir a uma comédia, também é um primeiro encontro de que o geminiano vai gostar muito, desde que depois tenha a oportunidade de ir a outro lugar para conversar sobre o filme. O mesmo vale para uma palestra motivacional, um seminário, uma peça de teatro ou qualquer outra atividade cultural.

O geminiano e o amor

Os geminianos buscam a variedade no amor e gostam de surpresas e de romances vividos com leveza. Querem amizade, calor humano e troca de ideias. Apreciam o bom humor e valorizam sobretudo a comunicação. Têm um instinto afiado para avaliar as pessoas e raramente entram num relacionamento sem antes compreender quais serão os resultados possíveis de tal atitude. Sua agitação mental pode deixá-los exaustos, e eles às vezes pensam, a sério, que dentro deles há pelo menos duas pessoas completamente diferentes. Isso lhes causa medo, e o ideal é que o parceiro aceite e ame o geminiano por ser assim.

Amor eterno

O geminiano é, muitas vezes, um cético. Por isso, quando finalmente encontra uma alma gêmea, os dois se sentem orgulhosos e eufóricos. Os geminianos são pessoas inteligentes e sociáveis e, por isso, o fato de estarem sempre pensando sobre os últimos acontecimentos e as melhores respostas a dar a esta ou àquela pessoa pode impedi-los de ouvir o que o coração tem a lhes dizer. Eles precisam compreender que o amor é uma das áreas da vida em que a inteligência analítica não ajuda muito – na verdade, pode até atrapalhar.

Não que os geminianos pensem que necessariamente se decepcionarão no amor; o que acontece é que têm dificuldade para crer que duas pessoas possam se entender tão perfeitamente.

Expectativas no amor

A comunicação excita os geminianos, ao passo que o silêncio e o distanciamento são baldes de água fria. Interpretam o silêncio como uma forma de oposição e sentem que estão sendo ignorados. Não é só que os geminianos tenham duas ou três opiniões que queiram expressar; é como se eles próprios fossem duas ou três pessoas diferentes, e essa característica precisa ser aceita por aqueles que querem se aproximar deles. Sua mutabilidade pode ser irritante, mas também pode ser interessante. O grau em que o geminiano se sente sufocado por emoções contraditórias é que determina quanto ele vai parecer quente ou frio, próximo ou distante.

Embora os geminianos tenham sentimentos profundos, também têm dificuldade para expressar o amor. Precisam sentir que sua liberdade e seu espaço pessoal estão sendo respeitados. O fato de saber que podem vir a se tornar emocionalmente dependentes de outra pessoa os preocupa.

Os geminianos são extremamente sensíveis a feridas sentimentais. Para quem se relaciona com um geminiano, é muito importante escolher cuidadosamente as palavras e fazer-se compreender perfeitamente. Pode acontecer de duas pessoas ouvirem as mesmas palavras e as interpretarem de maneiras radicalmente diferentes.

O que o geminiano procura

Os geminianos precisam estar em contato com as outras pessoas, embora a proximidade física não seja essencial. Esse contato pode ser feito por meio de livros, filmes, vídeos educacionais, aulas e apresentações ao vivo, e é isso que interessa aos geminianos. Eles precisam de liberdade para explorar, investigar e aprender. É essencial que tenham frequentes oportunidades para mudar de direção e perseguir diversas veias de interesse ao mesmo tempo. Não são esnobes do ponto de vista intelectual e não necessariamente se apaixonam por uma pessoa que tenha alto grau de instrução – basta que a pessoa tenha entusiasmo e curiosidade pelo mundo das ideias.

Se o geminiano soubesse...

Se o geminiano soubesse que virar objeto de fofoca é tão fácil quanto fazer fofoca, evitaria falar de qualquer pessoa, por mais que sinta vontade. Não raro, os geminianos exageram ou complicam os casos que contam, e não resistem a enfeitar uma história. A maioria das pessoas quer ser conhecida pelo seu compromisso inabalável com algumas opiniões acerca da verdade da vida, mas isso não vale para os geminianos. Com sua natureza especialmente adaptável, eles vivem à base de novas ideias e opiniões e, em geral, são abertos a mudanças de perspectiva.

Casamento

Os geminianos serão atraídos por uma pessoa especial que os estimule com conceitos e ideias brilhantes e goste tanto quanto eles de estar na companhia dos amigos e de outras pessoas. Precisam de uma vida social estimulante, de modo que não convém, para eles, casar-se com uma pessoa excessivamente caseira.

Quem está pensando em se casar com um geminiano típico deve entender que seu par provavelmente já teve outros parceiros e não vai ficar por muito tempo na companhia de uma pessoa chata e acanhada. Os geminianos são tão mercurianos que precisam de um parceiro que esteja disposto a viajar, mudar de planos e mudar de casa com frequência. Caso contrário, o relacionamento não dará certo.

Os geminianos são, em geral, mais tensos que os nativos de qualquer outro signo; mas gostamos de dizer que uma certa tensão é necessária para que duas cordas possam se afinar e fazer música juntas.

O signo oposto a Gêmeos

Sagitário é o signo oposto a Gêmeos. Sagitário é capaz de ensinar Gêmeos a transcender seu fascínio mercuriano pelos detalhes a fim de contemplar um panorama mais amplo. Sagitário tem um excelente senso de humor, mas, ao contrário do humor geminiano, ele não gira em torno de comentários espirituosos e observações sarcásticas. Sagitário sabe rir de si mesmo. Ambos os signos são aficionados do estudo, das conversas e, acima de tudo, das ideias. Assim como Gêmeos, Sagitário precisa de um relacionamento baseado em algo que vá muito além de uma atração superficial ou do simples desejo sexual.

Compatibilidades

No geral, quando as duas pessoas manifestam as características típicas do seu signo, os relacionamentos íntimos entre um geminiano e outro indivíduo podem ser descritos da seguinte maneira:

Gêmeos com Gêmeos:	Harmonioso, com conversas incríveis
Gêmeos com Câncer:	Harmonioso, desde que Câncer esteja sempre disposto a ouvir o que Gêmeos tem a dizer
Gêmeos com Leão:	Harmonioso em público, menos satisfatório na vida privada
Gêmeos com Virgem:	Difícil, pois o relacionamento é sufocado pelo excesso de detalhes
Gêmeos com Libra:	Harmonioso – uma verdadeira admiração mútua cheia de afeto
Gêmeos com Escorpião:	Turbulento e emocional, mas pode ser uma verdadeira união de amor
Gêmeos com Sagitário:	Difícil, mas com potencial de trabalho em equipe
Gêmeos com Capricórnio:	Turbulento, especialmente quando os valores são diferentes
Gêmeos com Aquário:	Harmonioso – duas mentes que se entendem perfeitamente!
Gêmeos com Peixes:	Difícil, pois Peixes quer se encostar em Gêmeos
Gêmeos com Áries:	Harmonioso, com ênfase especial na paixão e nos objetivos em comum
Gêmeos com Touro:	Harmonioso, desde que haja objetivos em comum

Quando as coisas não dão certo

Por querer ser incondicionalmente livre, o geminiano não se sente à vontade com um companheiro ríspido, ciumento ou dominador. A reclusão e o tédio são as coisas que ele mais abomina; toda vez que um relacionamento seu termina, em geral é porque uma dessas duas coisas predominou. O geminiano raramente guarda rancor – só uma certa nostalgia daquilo que ficou para trás.

Gêmeos no trabalho

Se o trabalho do geminiano não oferecer desafios suficientes para o seu nível de habilidade, o melhor caminho para ele será continuar no emprego, mas ir fazendo planos e tomando medidas para mudar de emprego ou até de carreira. O tempo que Gêmeos passa sonhando com uma nova linha profissional pode até ajudá-lo a encontrar um jeito de melhorar sua experiência do emprego *atual* – de modo que, no fim, ele até desista de mudar. Também pode ser benéfico para ele ter dois empregos. Isso o colocará em contato com mais gente capaz de ajudá-lo.

O geminiano deve expressar seus desejos de maneira a deixar claro para os ouvintes o que eles podem fazer para auxiliá-lo. A arte da política consiste em primeiro fazer os contatos necessários e, depois, usar esses contatos com habilidade.

Caso o geminiano esteja satisfeito com seu trabalho, é possível que queira começar a diversificá-lo ou arranjar um segundo emprego. Ter dois empregos pode ser mais fácil e mais benéfico que ter apenas um. O geminiano muitas vezes quer continuar estudando ou aperfeiçoando suas habilidades por meio de treinamento no trabalho, pois a chance de aprender algo novo é, em geral, muito atraente para os nativos deste signo.

Os objetivos de carreira e as ambições do geminiano raramente se concretizam da noite para o dia. O melhor é ele tentar acumular pequenos sucessos no decorrer de um período longo, em vez de uma ou duas vitórias de grande vulto que o ponham sob muita pressão ou exijam dele um grau desmedido de ambição.

Profissões típicas

As ocupações que dão maiores perspectivas de sucesso para o geminiano são a escrita, o jornalismo, o ensino, os serviços de guia turístico ou aqueles que envolvam viagens de curta distância e trabalhos manuais. Os geminianos muitas vezes são capazes de inventar um jeito de lucrar com sua rotina cotidiana: sua inteligência pode ajudá-los a descobrir oportunidades de aperfeiçoar os aspectos mais prosaicos da vida moderna.

O trabalho em vendas é ideal para os geminianos, pois podem então pôr em ação suas capacidades de persuadir o ouvinte e falar sobre qualquer coisa. Seja qual for a profissão escolhida pelo geminiano, ele deve sempre aprender novas técnicas para tornar seu trabalho mais produtivo; deve também garantir que sempre tenha clareza sobre qual o caminho a seguir para alcançar seus objetivos na carreira. Deve, ainda, estudar o máximo possível sobre sua área de atuação e sobre aquela em que quer atuar no futuro.

Comportamento e capacidades no trabalho

No trabalho, o geminiano típico:

- é sempre um homem/mulher de "ideias"
- nem sempre é pontual
- pode ser especialista em resolver problemas
- tem ideias criativas
- é apreciado pelos colegas

O geminiano como empregador

O típico chefe geminiano:

- sabe persuadir seus funcionários
- está aberto a novas ideias que aumentem os lucros e cortem custos

- faz mudanças para melhorar a comunicação
- se interessa pelos mínimos detalhes
- é acessível
- sabe como funcionam todos os departamentos
- convive socialmente com os funcionários

O geminiano como empregado

O típico funcionário geminiano:

- gosta de muita atividade
- gosta de cumprir tarefas fora do local de trabalho, para sair da rotina
- gosta de trabalhar em vários projetos ao mesmo tempo
- é capaz de inventar de repente a solução para um problema
- se entedia com a burocracia e a papelada
- é especialista em fazer várias coisas simultaneamente

O geminiano como colega de trabalho

Os geminianos sabem manter uma conversa interessante e são mestres em política de escritório. Só conseguem guardar um segredo quando o contam a pelo menos uma pessoa – qualquer pessoa, em qualquer lugar do mundo. Hábeis na comunicação, podem ajudar a facilitar as interações entre pessoas que não têm tanta facilidade para se expressar. Gostam de fazer edição de texto e trabalhar na verificação factual de dados escritos; além disso, sempre que você tiver um enigma para resolver, chame o geminiano. Os geminianos são divertidos e é fácil trabalhar na companhia deles.

Detalhes, detalhes

Avançar um passo de cada vez e prestar atenção em todos os detalhes são elementos essenciais para o sucesso do geminiano. É importante que ele faça listas e estabeleça planos para alcançar seus objetivos numa ordem lógica. Os detalhes não são maçantes para ele; pelo contrário, os geminianos consideram que os detalhes estão na essência de seus relacionamentos e de sua atuação profissional. Essa atenção para com os dados particulares não impede os geminianos de ter uma visão geral das coisas. Pelo contrário, compreendem que o panorama geral é constituído de um milhão de detalhezinhos.

Os geminianos veem todos os aspectos de uma situação, o que pode dar a impressão de que não se comprometem com nada. Também podem dar a impressão de serem abelhudos, quando, na verdade, estão apenas coletando dados sobre a vida do escritório – e, ocasionalmente, falando sobre os dados assim coletados. Não há nada de malicioso no modo como o geminiano fala dos outros.

Dinheiro

A construção de riqueza é um jogo que exige disciplina e que se dê valor às pequenas coisas. Convém ao geminiano aprender tudo o que puder sobre acumular e administrar dinheiro – lendo livros, fazendo cursos e por aí afora. Também será benéfico se pedir a um parente bem-sucedido que lhe dê conselhos sobre como alcançar e administrar objetivos financeiros. Depois disso, tudo o que o geminiano aprender deve começar a fazer parte de sua rotina diária.

Os investimentos relacionados à comunicação, ao ramo editorial, aos transportes e à educação podem beneficiar os geminianos. Quando investem numa empresa, seja qual for, devem ir visitá-la e ver em primeira mão o que a empresa realmente faz e como funciona. Não basta entender o investimento de um ponto de vista analítico.

Em casa

Em casa como no trabalho, os geminianos encontram-se em constante movimento. Adoram receber amigos para jantar e, dos nativos de todos os doze signos, são os que mais tendem a trabalhar em casa. Os geminianos detestam a mera possibilidade de virem a ficar entediados. Por isso, não é incomum que, em sua casa, diversos cômodos tenham duas funções. Ao contrário da maioria dos signos, Gêmeos não vê problema algum em que o quarto ou a cozinha sejam também um escritório, sala de estar ou sala de jogos; isso lhe permite economizar tempo, por não ter de ir de um cômodo a outro.

Comportamento e habilidades em casa

O geminiano típico:

- gosta de ambientes claros e alegres
- faz decoração com muitas cores e obras de arte interessantes
- precisa de uma estante de livros bem grande
- gosta de receber
- gosta de fazer objetos artesanais para a casa
- tem muitos jogos em casa

Interesses de lazer

O geminiano típico gosta de ouvir a televisão enquanto lê ou de pôr música para tocar e cantar junto enquanto lava a louça. Precisa estar envolvido com uma porção de atividades para que sua mente ativa esteja sempre ocupada. Aprecia uma boa conversa e gosta de escrever e-mails engraçados. Os geminianos muitas vezes têm um diário; alguns têm uma longa série de diários, que remonta à infância.

O geminiano típico aprecia os seguintes passatempos

- ler livros e jornais
- jogar pingue-pongue e bilhar
- sair para jogar boliche
- aprender novas línguas e usá-las
- criar presentes feitos à mão
- fazer viagens curtas
- assistir a *reality shows* e programas de variedades
- fazer pequenos cursos sobre novos temas
- testar receitas interessantes

Do que o geminiano gosta

- "contar causos"
- fazer palavras-cruzadas
- fazer várias coisas ao mesmo tempo
- planejar viagens
- falar ao telefone
- comida pronta para servir, ou pedir comida para entrega em domicílio
- estar com os amigos
- presentinhos e lembrancinhas curiosos
- colunas de fofocas
- saber um pouco sobre muitos assuntos

Do que o geminiano não gosta
- perder uma discussão
- esperar uma resposta
- perder tempo
- marcar um compromisso
- pessoas inflexíveis
- ouvir queixas
- não saber o que está acontecendo
- ter de lidar com gente que pensa devagar
- não poder exprimir uma opinião
- tédio e pessoas entediantes

O lado secreto de Gêmeos

Por ser bom em tantas coisas, o geminiano pode dar a impressão de que sabe tudo. É inquieto, e as pessoas que acabam de conhecê-lo podem pensar que ele é inconstante, pois os objetos de suas paixões mudam rapidamente. Mas o problema não é que os geminianos mudam constantemente de ideia; o fato é que dentro de cada um deles há diversas pessoas diferentes. Por terem muitas convicções ao mesmo tempo, nos lembram de que nunca há uma única maneira de encarar uma situação ou um problema.

Mercúrio

Na mitologia romana, Mercúrio é o mensageiro dos deuses. Entre as modernas correlações do planeta que leva seu nome, algumas das mais importantes são as formas de comunicação: a fala, a escrita, as línguas de sinais, a linguagem corporal, as expressões faciais, os códigos secretos. O planeta Mercúrio também rege os meios de comunicação, como o material necessário para escrever, livros, telefones, computadores, equipamentos sem fio, televisão, satélite e rádio. Além disso, rege os enigmas e quebra-cabeças, a fofoca e a atividade mental em geral. Mercúrio é o planeta do pensamento e das ideias.

Para que haja comunicação, muitas vezes é necessário que um indivíduo se desloque no espaço; por isso, Gêmeos também está relacionado às viagens empreendidas com propósitos práticos. É o signo do comércio e dos negócios e rege as questões rotineiras que atendem às necessidades básicas da vida.

Como criar um geminiano

Os pais devem usar de meios criativos e imaginativos para conseguir se sintonizar na mesma frequência de seu filho geminiano. Qualquer tipo de contato pessoal por meio de palavras, ideias, fofocas ou filosofia estimula o geminiano e transforma uma criancinha birrenta numa pessoa feliz, inspiradora e dedicada. Os geminianos adoram receber atenção e gostam de aprender sobre praticamente qualquer tema.

Os jovens geminianos devem ser ensinados a distinguir entre a realidade e a ilusão, pois vivem num mundo onde a imaginação e a vida real se misturam de tal modo que lhes é difícil saber onde uma começa e a outra termina. Essas crianças vão gostar de aprender a se comunicar, ler e falar diversas línguas. Na verdade, é muito fácil para elas se tornarem multilíngues caso tenham contato com diferentes línguas desde tenra idade.

Mais que qualquer outra coisa, as crianças geminianas precisam ser compreendidas. São naturalmente sinceras e só começam a contar mentiras caso isso seja necessário como mecanismo de defesa, quando sentem que não estão sendo bem compreendidas.

A criança geminiana

A típica criança geminiana:

- é feliz, inteligente e atenta
- pode ter dificuldade para dormir
- geralmente aprende a ler bem cedo
- é extremamente loquaz
- pode ser aventureira
- fica mal-humorada quando está cansada
- se movimenta com rapidez
- pode ser fofoqueira e dedo-duro
- gosta de cantar e tagarelar
- precisa de muitos brinquedos e jogos
- trata os adultos de igual para igual
- é hábil com as mãos
- às vezes tem um amigo imaginário

O geminiano como pai ou mãe

O típico pai ou mãe geminiano:

- é capaz de entrar no mundo da criança
- encoraja a expressão criativa
- não é rígido demais em matéria de disciplina
- é bem-humorado
- promove objetivos educacionais
- estabelece padrões elevados
- é considerado "legal" pelos amigos dos filhos

Saúde

Os geminianos precisam tomar cuidado com problemas como asma, bronquite e gripe, pois são tipos nervosos que seguem em frente mesmo quando estão esgotados. Podem ficar extremamente abatidos e, quando não descansam o suficiente, sua resistência é afetada. Mas detestam ficar de cama! Às vezes não conseguem cuidar bem de si mesmos, pois estão sempre em movimento e se esquecem de observar horários regulares de sono e alimentação. Precisam, portanto, tentar estabelecer uma rotina e um equilíbrio saudáveis para reduzir um pouco seus imprevisíveis níveis de energia. Gêmeos rege os braços, as mãos e os ombros; os nativos desse signo devem, portanto, tomar cuidado ao levantar peso ou se apressar para cumprir qualquer tarefa.

GEMINIANOS FAMOSOS

Chico Buarque
Caio Blat
Bob Dylan
Clint Eastwood
Marília Gabriela
Michael J. Fox
Maria Bethania
Tiago Leifert
Angelina Jolie
John F. Kennedy
Nicole Kidman
Cyndi Lauper
Rubens Barrichello
Marilyn Monroe
Mary-Kate e Ashley Olsen
Ivete Sangalo
Joan Rivers
Sandra Annemberg
Brooke Shields
Donald Trump
Rainha Vitória
Débora Bloch
Gene Wilder
Venus Williams
Sophia Abrahão

"A astrologia é em si uma ciência e contém um conjunto de conhecimentos esclarecedor. Ela me ensinou muitas coisas e estou em dívida para com ela."

– ALBERT EINSTEIN

CÂNCER
21 de junho – 21 de julho

CÂNCER

21 de junho – 21 de julho

Planeta: Lua
Elemento: Água
Qualidade: Cardinal
Dia: segunda-feira
Estação: verão
Cores: prateado, malva, grafite
Plantas: ipomeia, lírio-d'água, camomila
Perfume: sândalo
Pedras: pedra da lua, pérola, opala, hematita
Metal: prata
Qualidades pessoais: carinhoso, tenaz, sensível, intuitivo e prático

Palavras-chave

Os termos a seguir são chamados "palavras-chave" porque podem ajudar você a decifrar o sentido essencial do signo astrológico de Câncer. Cada palavra-chave representa questões e ideias de suma importância e destaque na vida das pessoas nascidas tendo Câncer como signo solar. Você vai constatar que, em geral, cada canceriano incorpora pelo menos uma destas palavras-chave em seu modo de viver:

nutrição – fértil – clarividência – proteção – hereditariedade – agricultura – emoções – estados de humor – consumismo – sentimentos – intuições – encher e esvaziar – reflexão – resposta – adaptação – hábitos – ciclos – maternidade – amor incondicional – nosso passado – culinária – administração da casa – passividade – memórias de infância – cuidar – segredos – conservação – liderança – amor pelo conforto – patriotismo – antiguidades – substituição – questões da mulher

O sentido simbólico de Câncer

O símbolo de Câncer é o caranguejo. Os cancerianos têm a tendência de sentir-se inseguros de vez em quando, e, ao sentirem essa emoção, gostam de recolher-se como o caranguejo dentro de sua casca protetora. O caranguejo leva sua casa nas costas e, do mesmo modo, o canceriano procura transformar mesmo os ambientes mais temporários em lares metafóricos.

O desejo de proteger e cuidar dos entes queridos é muito forte em todos os cancerianos e é confirmado pelo título de Grande Mãe que se dá a esse signo. O tema de pessoas que fornecem ou deixam de fornecer apoio e sustento material será um dos focos centrais da vida de todos os nascidos quando o Sol está no signo de Câncer.

Câncer é um dos quatro signos Cardinais do zodíaco (os outros três são Áries, Libra e Capricórnio). Os signos Cardinais são os primeiros de cada estação do ano. Assim, os nascidos sob esses signos são pessoas de iniciativa, que agem de acordo com suas metas e objetivos. Embora os cancerianos sejam delicados e tímidos, também são tenazes e sabem lutar para obter o que querem. Porém, por serem silenciosos e educados, conseguem alcançar seus objetivos sem parecerem abusados ou exigentes.

Além disso, Câncer é um dos três signos de Água (os outros dois são Escorpião e Peixes). Os nativos dos signos desse grupo são altamente imaginativos e emocionais. Câncer é o signo de Água encarregado da proteção, dos cuidados e do conforto. Os cancerianos são famosos por sua capacidade de proteger e estimular o crescimento de pessoas e projetos, pois percebem emocionalmente as necessidades dos outros. No entanto, precisam se lembrar de que atender às suas próprias necessidades emocionais é igualmente importante. Muitas vezes têm de proteger e nutrir a si mesmos, pois são tão habilidosos em fazer isso para os outros que estes se esquecem de que os cancerianos também precisam de atenção.

É bom que os cancerianos se lembrem de que, embora não sejam tão fortes quanto os que estão ao redor imaginam, são fortes o suficiente para fazer o que for necessário para que seus sonhos se realizem. Têm de resistir ao impulso de se recolher dentro da sua concha quando começam a se sentir inseguros. Sua habitual coragem, paciência e energia suave são mais que suficientes para dar à própria vida a forma que eles queiram.

Como reconhecer um canceriano

As pessoas que manifestam as características físicas próprias do signo de Câncer têm olhos expressivos, rosto redondo ("em forma de lua") e pele macia. Todas as suas emoções, estados de espírito e reações instintivas, mesmo as mais fugazes, se refletem em seu rosto sensível. Os nascidos sob este signo têm, em geral, a parte de cima do corpo mais robusta e mais pesada que a parte inferior; seus braços e pernas também tendem a ser compridos em comparação com o resto do corpo. Muitas vezes são gordinhos, especialmente na segunda metade da vida.

O comportamento e os traços de personalidade típicos de Câncer

* deseja confortos materiais
* é extremamente clarividente
* usa roupas que lhe deem sensação de proteção
* é um pouco tímido (não é exibido)
* é discreto em relação à vida pessoal
* lida maravilhosamente bem com crianças
* é introspectivo e emotivo
* é astuto e perceptivo em matéria de negócios
* gosta de boa comida e bons vinhos
* é protetor para com os amigos e a família
* é paciente e cauteloso para tomar decisões
* se magoa facilmente
* é sonhador, sutil e intuitivo

O que motiva o canceriano?

Os cancerianos, mais que os nativos de qualquer outro signo, são movidos pelos sentimentos e pela intuição. Embora sejam pessoas inteligentes e práticas, usam seus sentimentos como uma espécie de radar e baseiam neles boa parte de suas decisões. São altamente sensíveis em seu trato com as outras pessoas e mais sensíveis ainda quando o assunto são seus próprios sentimentos. Magoam-se facilmente com atos e atitudes que os nativos de outros signos simplesmente ignoram. Quando o canceriano se magoa, tende a ficar mal-humorado e fazer birra.

A personalidade canceriana em sua expressão positiva

Os cancerianos dotados de boa autoestima e autoconfiança podem, vistos de fora, não parecer muito diferentes dos outros cancerianos, mas eles mesmos percebem a diferença. A capacidade de ter empatia pelos problemas de um amigo sem deixar de se sentir bem com o próprio sucesso é um sinal de que o canceriano está sendo capaz de equilibrar suas emoções e expressar sua verdadeira natureza de forma positiva.

Pelo lado positivo

Os cancerianos que manifestam as características positivas associadas a seu signo também tendem a ser:

- prudentes e perspicazes
- bondosos
- calorosos
- compassivos
- protetores
- têm consideração pelos outros
- carinhosos e sensíveis
- introspectivos
- intuitivos

A personalidade canceriana em sua expressão negativa

Mudanças bruscas de humor, mau humor e pouca disposição de se abrir com os outros acerca de seus próprios problemas são alguns dos modos pelos quais os cancerianos expressam sua personalidade de modo negativo. Essas características podem vir à tona quando eles se sentem mal consigo mesmos ou não se sentem capazes de atender àquilo que deles se espera. Os cancerianos que não se sentem bem consigo mesmos podem se tornar fechados e até dissimulados.

Traços negativos

Os cancerianos que manifestam as características negativas associadas a seu signo também tendem a ser:

- possessivos
- controladores
- rabugentos
- demasiado suscetíveis
- sensíveis às críticas
- manipuladores
- prepotentes
- egoístas
- defensivos

Peça a um canceriano

Peça a um canceriano que o ouça caso você queira partilhar seus sentimentos mais íntimos ou confidenciar algo, mas não queira ser julgado. Os cancerianos se orgulham de sua empatia e de serem dignos de confiança e estarão dispostos a dar atenção a seus problemas e preocupações de mente e coração abertos. Também têm o dom de dar conselhos sem acompanhá-los de uma lição de moral, e lhe oferecerão esse serviço caso você lhes peça. Se isso não for necessário, também podem simplesmente ouvir você ou lhe oferecer um ombro para que você chore.

A amizade com os cancerianos

Não há ninguém mais generoso com seu próprio tempo e sua energia do que um canceriano seguro emocionalmente. No entanto, quando os nascidos sob o signo do Caranguejo se sentem inseguros, são totalmente incapazes de dar. As resultantes mudanças de comportamento podem confundir os amigos que se acostumaram a se apoiar neles nos momentos críticos.

Da parte do canceriano, sua sensibilidade pode levá-lo a viver momentos de emoção ao lado dos amigos e a se ferir em sua sensibilidade. Os cancerianos relutam em falar com as pessoas sobre suas próprias necessidades, pois têm medo de que as pessoas de quem gostam venham a decepcioná-los.

Os cancerianos têm excelente memória. Embora sejam capazes de perdoar um amigo que os decepcionou, não esquecerão jamais do acontecido. Em geral, os cancerianos apreciam pessoas que apoiem suas necessidades emocionais quando necessário – e, quando isso acontece, eles pagam na mesma moeda.

Em busca do amor

Os cancerianos podem se sentir atraídos por um indivíduo que os lembre de alguém de quem já gostaram. Tendem a ser altamente românticos e dramáticos em sua vida amorosa e reagem bem ao calor humano e à afeição sinceros. Facilmente desenvolvem forte apego por pessoas que não têm intenção de se comprometer e que, por isso, não podem retribuir seu amor. Creem no amor à primeira vista e, quando conhecem alguém sem experimentar essa sensação, podem ter dificuldade para acreditar que aquela é a pessoa com quem têm de ficar. Acreditam que a magia é um dos fatores principais do romance. Quando falta esse elemento, a chance de um relacionamento decolar é pequena. Além disso, os cancerianos às vezes se contêm, pois temem a rejeição. Isso pode fazer com que fiquem para trás na busca do amor.

A timidez pode ser o maior obstáculo para que o canceriano encontre o amor. Mesmo quando imagina que a outra pessoa sente por ele o que ele sente por ela, pode ter dificuldade para manifestar seus sentimentos. Não é do tipo que encontra alguém por acaso e confia em que aquele vínculo tenha potencial para crescer. Tampouco é o tipo que gosta de sair toda noite. É uma pessoa caseira e, em razão disso, raramente toma a iniciativa. É preciso que o amor venha bater à sua porta ou que ele conheça uma pessoa interessante por meio de familiares ou amigos íntimos. Quando o canceriano se interessa por alguém, põe essa pessoa em primeiro lugar. Gosta de cuidar da pessoa amada e, de um jeito ou de outro, vai ter para com ela um comportamento maternal. É difícil para o canceriano compreender que seu parceiro possa se sentir sufocado por esse tipo de atitude. Para ele, o amor é assim.

Para encontrar aquela pessoa especial

Na busca de alguém para amar, o conforto é um fator fundamental para o canceriano. Ele não gosta de pular de bar em bar nem de frequentar os locais onde os solteiros vão para se conhecer. Antes, tende a se sentir atraído por alguém a quem conheça no trabalho, na igreja ou numa festa dada por um amigo. Às vezes descobre que a pessoa com quem sonhava estava bem debaixo do seu nariz – uma amiga ou colega.

O primeiro encontro

O primeiro encontro ideal para o canceriano envolve uma refeição preparada em casa ou qualquer outra coisa que envolva o lar. Embora certas pessoas considerem esse tipo de encontro íntimo demais do ponto de vista emocional, os cancerianos sabem fazer com que a experiência não pareça ameaçadora. Outros locais favoráveis são uma caminhada pela praia, uma ida ao parque de diversões, uma noite num bar onde se toque música agradável ou uma apresentação de comédia. Os cancerianos se interessam mais pela companhia que pelos adereços e acompanhamentos, sendo essa mais uma expressão da sua atitude e do seu espírito prático.

O canceriano e o amor

Quando o canceriano está romanticamente envolvido com alguém, ele se sente em casa ao lado dessa pessoa e não tem necessidade de mais nada nem de mais ninguém.

O canceriano procura transformar sua casa numa espécie de ninho onde um grande relacionamento possa se alimentar e se fortalecer. Quando sai com o companheiro, eles devem visitar um local onde já estiveram no passado ou ir para um hotel que se pareça com uma casa longe de casa. Os cancerianos são sentimentais e adoram cobrir a pessoa amada de atenções. Não têm constrangimento algum em demonstrar seu afeto, mas podem preferir restringir os beijos e abraços aos momentos em que os dois estejam a sós.

Amor eterno

Ao primeiro sinal de que está sendo ridicularizado ou rejeitado, o canceriano se encolherá, profundamente magoado. A maioria dos problemas de que os cancerianos sofrem em sua vida amorosa resulta de experiências de infância. O canceriano e seu companheiro podem ter sido criados de maneira completamente diferente; um dos dois, ou ambos, pode ter sofrido traumas graves na infância. Se o canceriano for incapaz de perdoar – especialmente a mãe –, deve cogitar a possibilidade de buscar ajuda profissional. Quando tem essa dificuldade, seus relacionamentos românticos são perpetuamente sabotados por problemas emocionais não resolvidos.

Expectativas no amor

As questões relacionadas à maternidade e à proteção são importantes na vida de qualquer canceriano. Ele talvez esteja à procura de alguém que cuide dele, de modo que pode repelir uma pessoa que, por sua vez, precise de cuidados. Às vezes é difícil encontrar um parceiro que partilhe as ideias do canceriano em matéria de filhos e de como criá-los. O canceriano é um tradicionalista; se foi feliz na infância, tomará como modelo o jeito como ele próprio foi criado.

O canceriano precisa ter certeza de que está com alguém que o ama e em quem pode confiar. Esse é o principal requisito; precisa ser apoiado, protegido e amado incondicionalmente. Embora os cancerianos sejam pessoas fortes e capacitadas, às vezes se sentem extremamente vulneráveis e precisam cuidar do parceiro a fim de sentir-se seguros. Devem procurar alguém que tenha essas mesmas qualidades de afeto e proteção. Se esse tipo de relacionamento não atrai o canceriano, é possível que ele identifique o amor com a intensidade emocional, a incerteza e até o perigo. Muitas vezes, isso se deve a problemas no modo como ele foi criado e educado.

O que o canceriano procura

Os cancerianos precisam de um companheiro que aprecie seu esforço, sua personalidade protetora e seu envolvimento com a família. Uma vez que se comprometem com o amor, são totalmente dedicados e esperam, em troca, o mesmo grau de lealdade e fidelidade. O canceriano precisa de que o companheiro precise dele. Gosta de ter pessoas – filhos, outros familiares, melhores amigos – ao seu redor. Pode acontecer de os dois membros do casal trabalharem juntos e de as outras pessoas envolvidas em seu negócio se tornarem, para eles, como membros da família.

Se o canceriano soubesse...

Se o canceriano soubesse quanto ele parece forte e confiável, não se preocuparia em deixar que uma pessoa próxima, e especialmente um caso amoroso, conhecesse alguns de seus pontos vulneráveis. Os outros, em sua maioria, conhecem apenas a vontade poderosa e a férrea disciplina do canceriano. No entanto, por ser tão sensível, o canceriano muitas vezes se sente fraco. Isso é estranho, pois é exatamente essa sensibilidade que lhe dá a capacidade de se aproximar das outras pessoas de maneira tão pura e tão especial.

Casamento

O passado é muito importante para os cancerianos. Isso vale especialmente para seu histórico familiar: ou ele é fonte de orgulho ou é uma experiência dolorosa, que continua a afetá-los como se tivesse acabado de acontecer. De um jeito ou de outro, os cancerianos gostam de relacionar o que acontece agora com algo que conheceram no passado. Quando fazem isso, ou simplesmente se atêm àquilo que lhes é familiar, sentem-se seguros.

A pessoa que está pensando em se casar com um canceriano típico deve saber que ele vai querer ser o parceiro dominante na relação e esperar uma devoção total. Por outro lado, quem se casa com um canceriano pode ter a certeza de que vai ser tratado com consideração, terá prosperidade e fará parte de uma família estruturada. O canceriano contente jamais decepcionará o companheiro. Para ele, a pertença é tão importante quanto o amor.

O signo oposto a Câncer

Capricórnio, a cabra montesa, é o signo oposto a Câncer. É um signo duro, pedregoso, possuidor de muitos pontos fortes que faltam a Câncer. É através dessas diferenças que Capricórnio pode ensinar Câncer a ser forte e autossuficiente do ponto de vista emocional. Capricórnio, por sua vez, pode aprender com Câncer a ser sensível e carinhoso, bem como a aceitar a proteção emocional de que muitas vezes precisa.

Compatibilidades

No geral, quando as duas pessoas manifestam as características típicas do seu signo, os relacionamentos íntimos entre um canceriano e outro indivíduo podem ser descritos da seguinte maneira:

Câncer com Câncer:	Harmonioso, desde que a bagagem emocional não seja muito pesada
Câncer com Leão:	Harmonioso, desde que Leão receba muita atenção
Câncer com Virgem:	Harmonioso, pois os parceiros apoiam os sonhos um do outro
Câncer com Libra:	Difícil, mas melhora quando há visões de mundo e objetivos em comum

Câncer com Escorpião:	Harmonioso – profundamente sensual e eternamente romântico
Câncer com Sagitário:	Turbulento mas alegre, com muitas brigas e reconciliações
Câncer com Capricórnio:	Difícil, embora os dois tenham muito a aprender um com o outro
Câncer com Aquário:	Turbulento, especialmente quando há diferenças políticas e filosóficas
Câncer com Peixes:	Harmonioso, pois os dois têm a mesma sensibilidade e o mesmo idealismo romântico
Câncer com Áries:	Difícil mas empolgante, embora Áries tenha de aprender a ser terno
Câncer com Touro:	Harmonioso ao extremo – uma união forjada no paraíso
Câncer com Gêmeos:	Harmonioso, desde que Gêmeos dê a Câncer bastante espaço para viver suas emoções

Quando as coisas não dão certo

A psicologia moderna deu ênfase ao contato com as experiências de infância, e foi só em época bem recente que os psicólogos passaram a dar a mesma ênfase à necessidade de assumirmos a responsabilidade pela pessoa que somos agora. O canceriano precisa aprender com o passado, mas viver no presente.

Os relacionamentos dos cancerianos refletem sua inteligência emocional. O modo como o canceriano e seu companheiro expressam as emoções vai determinar a saúde do relacionamento.

Quando um relacionamento termina, o canceriano sempre assume a maior parte da culpa.

Câncer no trabalho

Os cancerianos precisam sentir que seu emprego não é apenas um emprego; querem, na verdade, sentir que o trabalho é como um segundo lar. Gostam de trabalhos que lembrem as atividades de sua família no passado. A continuidade é muito importante para eles. Os familiares e aqueles que se preocupam profundamente com eles podem ajudá-los a avançar de algum modo no trabalho e na carreira. Os cancerianos também podem trabalhar em casa.

O canceriano tem necessidade de se sentir emocionalmente confortável e seguro no local de trabalho. Para isso, ele o preencherá de fotos de família e de bibelôs, terá sempre à mão alguns petiscos e garrafas d'água e organizará os objetos e a papelada em caixas e outros recipientes.

A carreira do canceriano pode ser afetada de modo importante por uma mulher, por assuntos ligados a mulheres e crianças, pela maternidade, por figuras maternas e, muito possivelmente, por sua própria mãe. Se suas relações com as mulheres em geral e com sua mãe em particular forem boas, sua carreira se beneficiará. Se não forem, é possível que seus problemas emocionais se reflitam no trabalho, de modo que o canceriano deve ter consciência desses assuntos e procurar resolver as questões de relacionamento.

Os cancerianos também devem ter boas relações com os colegas de trabalho para se sentirem seguros e fazerem sua carreira avançar. Os colegas que o canceriano considera como "membros da família" e o modo como se relaciona com eles são muito importantes em sua vida profissional. Caso esses relacionamentos se tornem difíceis, o canceriano deve agir para melhorá-los, pois se sentirá bloqueado até esses problemas estarem resolvidos.

Profissões típicas

As ocupações propícias aos cancerianos são aquelas que atendem às necessidades básicas das famílias, desde a espiritualidade até os serviços domésticos. Os cancerianos são excelentes cozinheiros, fornecedores de alimentos e arrumadeiras. Muitos encontram sua vocação trabalhando com imóveis.

Todos os empregos que envolvem crianças ou o cuidado de pessoas são benéficos para os cancerianos. Assim, eles podem se dar bem em assistência social, enfermagem ou outras profissões do tipo. Gostam de trabalhar com animais e com jardins. Sua capacidade de cuidar das pessoas também se aplica na promoção de novos projetos de negócios que estejam com dificuldades para decolar. Os cancerianos são excelentes organizadores e têm um entendimento correto dos valores e da economia, de modo que muitas vezes fazem sucesso na indústria.

Os nascidos sob o signo do Caranguejo têm uma intuição aguçada, que faz deles bons conselheiros e jornalistas. O amor pelo passado dá a alguns cancerianos um interesse agudo pela história, e outros se tornam colecionadores de antiguidades e curiosidades. Fiéis ao elemento Água de seu signo, alguns dos nativos de Câncer se dedicam a atividades ligadas ao mar.

Comportamento e capacidades no trabalho

No trabalho, o canceriano típico:

- é leal e eficiente
- se destaca tanto como líder quanto como membro de uma equipe

- se dá bem com os colegas de trabalho
- talvez resista a novas ideias
- zela pelos interesses da empresa

O canceriano como empregador

O típico chefe canceriano:

- é duro nas negociações, mas também é justo
- trata os funcionários como membros da família
- espera que os funcionários se vistam bem
- leva a sério o trabalho
- não tolera a falta de zelo e responsabilidade
- se concentra em ganhar dinheiro
- tem excelente memória
- gosta de recompensar a lealdade

O canceriano como empregado

O típico funcionário canceriano:

- gosta de assumir responsabilidades
- tem a meta de ganhar cada vez mais
- espera ser bem remunerado pelo trabalho duro
- é bom em vendas e marketing
- demonstra uma personalidade calma e ponderada
- usa mais a intuição que a lógica
- gosta de fazer parte de uma "família"

O canceriano como colega de trabalho

Fazer com que os outros se sintam membros do grupo é essencial para os cancerianos. No entanto, eles às vezes não se permitem criar laços íntimos com os colegas. Podem ter medo de partilhar com os outros os detalhes íntimos de sua vida pessoal. Visto se sentirem vulneráveis a críticas e ao juízo alheio, os cancerianos são menos dados à fofoca que os nativos de outros signos.

Detalhes, detalhes

Os cancerianos gostam de detalhes, desde que esses pequenos elementos cotidianos do trabalho e da vida estejam a serviço de um plano de ação maior e mais amplo. Não são excessivamente lógicos e, no entanto, têm bom instinto para estatísticas, datas e itens de orçamento. Graças a seu talento natural para a organização, raramente se perdem nos detalhes. É muito mais provável que os vejam como suportes de um empreendimento importante e lucrativo.

No ambiente de trabalho, os cancerianos não se sentem "bons demais" para cuidar dos detalhezinhos que perfazem um projeto maior. Persistentes e determinados, enfrentam corajosamente os elementos difíceis do projeto e nunca se preocupam com a possibilidade de não virem a receber o crédito pelo resultado final. Isso nada tem a ver com ausência de egoísmo: eles sabem que têm mais capacidade que a maioria de seus colegas de trabalhar como simples membros de uma equipe.

Dinheiro

Quer viva numa caverna, quer num castelo, o canceriano tem por certo que todo o dinheiro gasto para tornar sua morada bela, confortável e segura terá sido bem aplicado. Colecionar obras de arte originais é algo que alimenta a alma do canceriano, algo necessário para que ele alcance a verdadeira riqueza e sucesso.

Os recursos financeiros do canceriano tendem a provir de organizações relacionadas ao lar, a produtos para o lar, ao passado ou aos valores familiares. Caso o canceriano queira jogar na loteria, deve fazê-lo em conjunto com familiares e amigos íntimos. Os números de mais sorte serão aqueles que tenham a ver com os membros de sua família. Para ganhar dinheiro, o canceriano deve buscar os conselhos de familiares e de pessoas conhecidas há muito tempo e deve aplicar em investimentos de longo prazo. Os imóveis, especialmente uma propriedade onde o canceriano e sua família pretendam morar, são excelentes apostas. Todas as melhorias que o canceriano fizer em sua propriedade serão também bons investimentos.

Em casa

Para proteger seus entes queridos, os cancerianos precisam, antes de tudo, sentir-se seguros. Querem que sua casa seja confortável – um verdadeiro santuário onde possam relaxar e gozar da vida e das atividades familiares. Pelo fato de Câncer ser o signo Cardinal do elemento Água, a "emoção em ação" é a chave para entender como os cancerianos fazem para relaxar.

Comportamento e habilidades em casa

O canceriano típico:

- gosta de se sentir seguro e tranquilo
- tem jeito para pequenos consertos e melhorias
- gosta de receber visitas em casa
- tem muitos livros de receita
- tem plantas em vasos ou um jardim
- pode colecionar objetos herdados da família
- não gosta de jogar as coisas fora

Interesses de lazer

O canceriano pode até ser sócio de uma academia, mas prefere a yoga, a natação e a meditação à musculação e à ginástica aeróbica. Gosta de simplesmente relaxar na praia, na companhia de um bom livro. E adora a companhia da família e dos amigos ao redor de uma boa refeição e no calor de uma atmosfera de contentamento.

O canceriano típico aprecia os seguintes passatempos
- jardinagem ou cuidar de plantas em vasos
- brincar com animais de estimação
- colecionar antiguidades
- esportes de equipe ou jogos de tabuleiro
- escrever um diário
- remar, velejar ou nadar

Do que o canceriano gosta
- qualquer pessoa de bom coração
- lembranças dos familiares e amigos
- comida caseira e substanciosa
- sair para fazer compras
- livros de história e psicologia
- presentes sentimentais
- cartões de aniversário
- velhos amigos
- uma casa bonita
- pijamas confortáveis e cobertores macios

Do que o canceriano não gosta
- palavras ásperas
- comida de lanchonete

- pessoas que se esquecem de datas importantes
- não ter suas contribuições reconhecidas
- conversar com gente desconhecida
- uma casa bagunçada
- ser obrigado a reagir rapidamente sem ter tempo para pensar
- mudar de casa
- não ter dinheiro
- ouvir lição de moral

O lado secreto de Câncer

Os cancerianos são muito afetados pela hora do dia em que tomam suas decisões. Os planos feitos à noite são difíceis de pôr em prática durante o dia, e vice-versa. Caso não consiga efetivar no dia seguinte os planos feitos na noite anterior, o canceriano deve ser tão paciente e magnânimo consigo mesmo quanto seria com os erros cometidos por uma criança.

Lua

A Lua, considerada um planeta na astrologia, é associada ao signo de Câncer. O modo pelo qual a Lua parece mudar de tamanho e de forma, bem como seus efeitos sobre as marés, lembram os estados de humor sempre mutáveis do canceriano; no entanto, as mudanças da Lua são bem mais previsíveis.

Os astrólogos de antigamente associavam a Lua com nossas emoções, nossa inteligência emocional, nossa intuição e a expressão de todas essas coisas. Pelo fato de seu ciclo de aumento e diminuição durar um período parecido com o da menstruação, a Lua é associada ao sexo feminino, à fertilidade, à agricultura, ao parto, à maternidade, à nutrição e à proteção consideradas de maneira geral. A Lua está sempre no céu sobre nós, embora nem sempre seja vista. Por isso, representa nossas atitudes inconscientes, nossos padrões de sentimento, pensamento e ação e nossos condicionamentos vindos do passado. Rege o peito, os seios e o estômago.

Como criar um canceriano

As crianças cancerianas adoram usar a imaginação e é fácil conviver com elas, desde que recebam muito calor humano, atenção e manifestações de aprovação. São, em geral, almas gentis e complacentes e sabem, mais que os nativos de outros signos, o que querem e o que precisam.

Os jovens cancerianos precisam se sentir livres para expressar suas emoções através das artes, da música, da escrita ou de qualquer outra forma de manifestação criativa. Precisam de muitas opções para dar vazão à sua imaginação vívida. Assim, as crianças cancerianas devem aprender as técnicas básicas de algumas formas de arte e devem poder ter acesso aos materiais corretos e a um espaço dentro do qual possam exercer sua criatividade.

Os pais da criança canceriana devem cuidar para não serem demasiado possessivos ou superprotetores. Pode acontecer de se preocuparem demais com seu filho canceriano, pois as crianças nascidas sob esse signo são profundamente sensíveis à rejeição e às feridas emocionais e, quando isso acontece, tendem a se recolher dentro de sua conchinha. Caso a criança não se sinta amada ou se sinta negligenciada, pode, quando crescer, virar uma pessoa reclusa e tímida, que protege demais a si mesma e reluta em confiar nas outras pessoas ou em se aproximar delas.

Como os nascidos sob os outros dois signos de Água, Peixes e Escorpião, as crianças de Câncer podem ser muito intuitivas; muitas têm capacidades aparentemente paranormais. As pessoas que cuidam delas devem valorizar esse lado, mas também devem orientá-las para que desenvolvam suas faculdades lógicas.

A criança canceriana

A típica criança canceriana:

* gosta de ser abraçada
* pode ser chorona
* muda de estado de humor de um dia para o outro
* gosta de guardar dinheiro
* pode fazer chantagem emocional para conseguir o que quer
* adora a hora das refeições
* é fascinada por livros com figuras
* se magoa facilmente
* se recolhe quando está infeliz
* é capaz de brincar sozinha durante horas
* cria amigos imaginários para suas brincadeiras
* gosta de mitos tradicionais e contos de fadas

O canceriano como pai ou mãe

O típico pai ou mãe canceriano:

* gosta de organizar festas de aniversário
* dá apoio à criatividade dos filhos
* é superprotetor
* sabe tranquilizar os filhos quando estes têm medo

- gosta de brincar com as crianças
- faz de tudo para ajudar
- demonstra afeto

Saúde

Os cancerianos são tipos emocionais que, quando estão estressados, podem sofrer problemas de estômago. Tendem a guardar seus sentimentos para si e são suscetíveis a sofrer de úlcera gástrica. Como não gostam de sobrecarregar as outras pessoas com seus problemas, são propensos a sofrer em silêncio. Os cancerianos típicos precisam de segurança material e muito afeto; precisam também sentir que são necessários para as outras pessoas. Desde que tenham essas coisas básicas, são capazes de aguentar muita pressão.

Alimentos saudáveis e nutritivos e refeições regulares são importantes para os cancerianos. O excesso de doces pode levá-los a ganhar peso na segunda metade da vida. Visto ser Câncer um signo de Água, os cancerianos devem tentar tomar longos banhos quentes para relaxar.

CANCERIANOS FAMOSOS

Louis Armstrong

Elza Soares

Wagner Moura

Santos Dumont

Tom Cruise

Diana, Princesa de Gales

Harrison Ford

Serginho Groisman

Gisele Bündchen

Tom Hanks

Ernest Hemingway

Frida Kahlo

Claudia Leite

Nelson Mandela

George Orwell

Marisa Montes

Fernanda Lima

João Bosco

Samuel Rosa

Sylvester Stallone

Ringo Starr

Meryl Streep

Robin Williams

"Nascemos num determinado momento, num determinado lugar e, como um vinho de safra, temos as qualidades do ano e da estação em que nascemos."

– CARL GUSTAV JUNG

LEÃO
22 de julho – 22 de agosto

LEÃO

22 de julho – 22 de agosto

Planeta: Sol
Elemento: Fogo
Qualidade: Fixo
Dia: domingo
Estação: verão
Cores: dourado, laranja, amarelo
Plantas: calêndula, girassol, nastúrcio
Perfume: flor de laranjeira
Pedras: âmbar, cornalina, citrino, rubi
Metal: ouro
Qualidades pessoais: criativo, dramático, orgulhoso, organizado e romântico

Palavras-chave

Os termos a seguir são chamados "palavras-chave" porque podem ajudar você a decifrar o sentido essencial do signo astrológico de Leão. Cada palavra-chave representa questões e ideias de suma importância e destaque na vida das pessoas nascidas tendo Leão como signo solar. Você vai constatar que, em geral, cada leonino incorpora pelo menos uma destas palavras-chave em seu modo de viver:

afirmação de si – criatividade – um lugar ao sol – reconhecimento – teatralidade – passatempos – liderança – romance – prazeres – diversão – hospitalidade – coração aberto – apreciação – estâncias turísticas litorâneas – fama – brincalhão – entretenimento – filhos – sorte – jogos de azar – esportes – expressividade – jogos – desempenho – adoração do sol – caso amoroso – majestade – amor-próprio – herói ou heroína – ganhador do prêmio – objetos de ouro – show business

O sentido simbólico de Leão

Leão é o signo dos organizadores criativos do zodíaco. Praticamente ninguém é tão bom quanto eles para identificar a solução de um problema e organizar os meios para resolvê-lo. É essa capacidade que dá origem à reputação de líder do leonino. Como todos os líderes, a maioria dos leoninos se sente mais à vontade quando está dizendo aos outros o que fazer e não cuidando eles próprios dos detalhes rotineiros. Essa característica os aborrece, mas não por muito tempo, pois os leoninos gostam muito de si mesmos. Colocam-se em posições de grande responsabilidade e associam-se com as pessoas corretas para que suas contribuições criativas sejam sempre bem-vindas, mesmo que nem sempre estejam dispostos a pôr a mão na massa.

O símbolo deste signo – muito apropriado, por sinal – é o forte e orgulhoso leão. A importância do orgulho para os nascidos sob o signo do Leão é extraordinária. Não querem ter relação com nada nem com ninguém que não fique à altura de seus elevados padrões pessoais.

Os leoninos têm o dom especial de mostrar a todos nós como se fazem as coisas. É por isso que têm jeito para as artes dramáticas – teatro, artes, música e qualquer forma de exibição. Sua generosidade os obriga a criar situações e objetos que beneficiem e divirtam a eles e àqueles a quem consideram dignos de estar ligados.

Leão é um dos quatro signos Fixos da astrologia (os outros três são Touro, Escorpião e Aquário). Os signos Fixos são estáveis, resolutos e determinados. Representam a força de sustentação e continuidade. Pelo fato de Leão ser um signo Fixo, os leoninos são leais, teimosos e orgulhosos.

Leão também é dos três signos de Fogo (os outros dois são Áries e Sagitário). Os signos de Fogo são, antes de tudo, dinâmicos, entusiasmados e impulsivos.

Os leoninos ajudam e protegem aqueles que os reconhecem como pessoas especiais. A noção que eles têm do próprio valor é determinada pelo quanto são capazes de dar aos outros o que acham que esses outros esperam deles. No entanto, os leoninos devem se lembrar de que também eles próprios precisam de ajuda e proteção. Geralmente são orgulhosos demais para pedir ajuda.

Como reconhecer um leonino

As pessoas que manifestam as características físicas próprias do signo de Leão têm aparência nobre. Podem parecer altas e ter aspecto majestoso. O leonino sabe se vestir de modo a impressionar quem o vê, e sua sensação interior de nobreza o faz transbordar de dignidade, elegância e classe. O cabelo do leonino muitas vezes se parece com a juba de um leão – é algo de que ele se orgulha e que chama a atenção. Os leoninos se movimentam com uma elegância atlética natural.

O comportamento e os traços de personalidade típicos de Leão
- precisa ser admirado
- confia nas pessoas e é leal
- usa seus encantos para conseguir o que quer
- gosta de se exibir
- gosta de agitação
- é generoso
- tem bom gosto
- é popular
- dá e espera respeito
- é generoso com seu afeto
- é um líder nato

O que motiva o leonino?

Os leoninos às vezes se preocupam com a possibilidade de não serem tão orgulhosos e poderosos nem tão bons líderes quanto gostariam de ser, e de as pessoas importantes em sua vida virem a descobrir esse fato. Às vezes, precisam se lembrar de que, antes de possuir uma qualidade, é preciso praticá-la e exercê-la. Mesmo os melhores líderes precisam, de vez em quando, fingir qualidades que não possuem. Os leoninos têm dificuldade para trabalhar junto com a equipe, pois sentem que estão destinados a comandar.

A personalidade leonina em sua expressão positiva

Em sua melhor forma, os leoninos são uma força de criatividade e inteligência onde quer que estejam. Sua capacidade de resolver problemas com uma combinação de otimismo e bom senso é maravilhosa de se ver. Os leoninos têm o raro talento de ser amistosos ao mesmo tempo que exercem sua autoridade. Quando o leonino está feliz, todo mundo ao seu redor fica um pouco mais radiante.

Pelo lado positivo

Os leoninos que manifestam as características positivas associadas a seu signo também tendem a ser:

* atraentes e expressivos
* otimistas
* dignos e charmosos
* sinceros e leais
* orgulhosos de seu lar
* calorosos, amigos e gene
* corajosos e audazes
* responsáveis e maduros
* extremamente afetuosos com os entes queridos

A personalidade leonina em sua expressão negativa

Quando os leoninos estão trabalhando num projeto que os outros vão ver, o *feedback* do público se torna muito importante. Caso suas criações não sejam reconhecidas e devidamente elogiadas, o orgulho deles ficará ferido. Em consequência disso, podem se esquecer de sua generosidade e magnanimidade habituais e chegam a usar seu poder ou influência para tentar modificar a opinião alheia. Os leoninos ficam emburrados quando os outros não prestam suficiente atenção neles e nos seus esforços.

Traços negativos

Os leoninos que manifestam as características negativas associadas a seu signo também tendem a ser:

- desdenhosos
- muito vaidosos com seu *status*
- autocomplacentes e convencidos
- arrogantes e ensimesmados
- teimosos e voluntariosos
- excessivamente dramáticos
- rancorosos e vingativos
- do tipo que julga pelas aparências
- preocupados demais com a impressão que causam nos outros

Peça a um leonino

Peça a um leonino que o ajude a organizar um projeto de qualquer tipo. A tarefa pode ser grande ou pequena, complicada ou relativamente fácil; seja ela qual for, o leonino terá um plano para que seja cumprida de modo melhor, mais rápido, mais econômico e até mais estiloso. Ele acredita que seu jeito é o melhor e provavelmente lhe dirá isso. O leonino pode até criticar o seu modo de fazer as coisas, mas sempre o fará de maneira muito agradável!

A amizade com os leoninos

Como amigos, os leoninos são carinhosos, cheios de consideração, calorosos e divertidos. Amam seus amigos e sentem a necessidade de se orgulhar deles. São generosos com seus recursos e sua hospitalidade e esperam que os amigos lhes paguem na mesma moeda. Detestam toda forma de mesquinharia e têm dificuldade para fazer amizade com pessoas que lhes pareçam avarentas. Em geral, os leoninos gostam de ter amigos bem-sucedidos, mas não a ponto de atrair mais a atenção do que eles! Às vezes o leonino simplesmente não consegue ter um relacionamento de proximidade e confiança com um amigo cujas fortes aspirações ou ambições pessoais competem com as dele.

O amigo que decepciona o leonino, criticando algo que ele fez ou menosprezando algo importante para ele, corre o risco de ser renegado para sempre.

Em busca do amor

Os leoninos precisam se colocar em situações propícias para encontrar o amor. Se estiverem felizes no local onde estão, criarão um relacionamento incrível. Porém, se estiverem num local onde tenham de empenhar energia para simplesmente manter a rotina, podem acabar perdendo um de seus bens mais valiosos: o tempo. Se o leonino não tem um bom relacionamento, a razão mais provável é o egoísmo. Pode ser que esteja tão preocupado com seu *status* que se recuse a ficar perto das pessoas que poderiam lhe fazer bem. Para o leonino, o amor é um ideal dramático, e esse fator às vezes afasta a possibilidade de um romance com alguém que não tenha a aparência que o leonino espera de seu parceiro. Os leoninos não são superficiais, mas são exigentes. Os do sexo masculino não têm dificuldade para atrair as mulheres, ao passo que as mulheres leoninas atraem muitos homens com sua beleza e sua vivacidade naturais.

Os leoninos não acreditam que a amizade vem antes do amor. Muitas vezes se apaixonam à primeira vista, ou pelo menos no primeiro encontro! Para eles, é mais provável que o romance nasça de um encontro fortuito, uma coincidência ou um acidente. É comum que os leoninos transfiram a um novo caso amoroso todas as suas ideias e ideais sobre o amor, acreditando que o ente pelo qual se apaixonaram tenha todos os traços e características que eles desejam – mesmo que isso não seja verdade. Na realidade, a maior decepção que os leoninos podem sofrer no amor consiste em descobrir que a pessoa a quem amam não é o modelo de virtudes românticas que, a princípio, pensavam que fosse.

Para encontrar aquela pessoa especial

Os leoninos têm de tomar a iniciativa para criar e melhorar o tipo de relacionamento que querem ter; não podem simplesmente relaxar e deixar que as coisas aconteçam por si. É bom que o leonino mantenha as coisas organizadas e em movimento, marcando encontros e fazendo planos.

O primeiro encontro

O primeiro encontro perfeito para o leonino pode ser um evento esportivo ou uma ida ao cinema. Os leoninos não precisam da intimidade tranquila de um restaurante à meia-luz para criar um espírito de emoção e romance. Adoram estar no meio da multidão. Também são, muitas vezes, fãs de cinema. Assistir a uma nova comédia comendo muita pipoca é algo que combinaria com o estilo deles.

Os leoninos são ativos e gostam de estar ao ar livre. Por isso, pode ser excelente para o primeiro encontro uma saída para velejar, surfar ou simplesmente tomar sol. Uma caminhada pela praia ao pôr do sol pode criar um clima romântico.

O leonino e o amor

O leonino é o verdadeiro romântico do zodíaco. Na companhia de seu companheiro, é capaz de desfrutar de todos os tipos de coisas divertidas e expressões criativas. Ele se sente recompensado quando executa projetos criativos junto com seu amor. Frequentar juntos aulas de artes, visitar museus e galerias de arte, ir ao cinema, ao teatro, a um concerto ou a um espetáculo de dança – todas essas atividades excitam o fogo leonino. Uma longa viagem de férias é a receita perfeita para estimular a natureza romântica de Leão.

Amor eterno

Para o leonino, os problemas no relacionamento podem começar quando o casal não reserva tempo para se divertir e para atividades românticas. Outro foco de discordância são os filhos ou as ideias sobre os filhos, especialmente no que se refere às condições que têm de estar presentes para que os filhos possam ser trazidos para este mundo e adequadamente criados e educados. Outros problemas nos relacionamentos com os leoninos são causados por questões de organização, responsabilidade e liderança. Se o leonino constatar que há muitas tarefas essenciais que nenhum dos dois companheiros sabe fazer direito, ambos devem se esforçar para cumpri-las juntos.

Expectativas no amor

Leão quer um companheiro que o faça brilhar ainda mais e que goste tanto quanto ele de ficar sob os holofotes. O companheiro do leonino deve ter boa aparência e excelente gosto. O leonino quer, ainda, um companheiro que o coloque num pedestal e acredite em seus sonhos de todo o coração. Adora a polidez e as boas maneiras, espera ser tratado como um rei e necessita que a pessoa amada lhe dedique sua mais absoluta fidelidade e toda a sua adoração. É preciso mostrar ao leonino, de todas as maneiras, que ele é amado.

O companheiro do leonino deve apreciar todos os tipos de diversão e deve ter um talento criativo para transformar sua casa numa bela sala de exposições. Na companhia da pessoa correta, o leonino ganhará *status* em razão de sua hospitalidade generosa, de seu entusiasmo e de sua busca insistente por excelência. Consequentemente, o fogo leonino lançará luz também sobre o seu amado. Apesar de ter um grande ego, o leonino também faz questão de ser o companheiro ideal.

O que o leonino procura

Pelo fato de a aparência e o estilo serem tão importantes para o leonino, essas podem ser as primeiras qualidades que ele busca em um parceiro amoroso. Mas há muitas outras características que ele valoriza, de modo que dificilmente julgará apenas pela aparência. O leonino precisa de alguém cujo entusiasmo pela vida seja comparável ao seu. Não está interessado em pessoas carentes ou de baixo-astral, por mais que tenham outros atrativos. Uma saudável autoestima é um dos traços que o leonino mais admira nas outras pessoas.

Se o leonino soubesse...

Se o leonino soubesse que até os mais poderosos governantes precisam se aconselhar com outras pessoas... Um ego descomedido pode fazer mais mal ao leonino e a suas criações do que qualquer inimigo externo. Os leoninos precisam perceber que não podem ser sempre a estrela do filme e que há momentos em que é melhor seguir o exemplo de outra pessoa; não precisam ser sempre os líderes. Devem saber que o que atrai a admiração e o amor das pessoas que os rodeiam não é somente o seu poder de comando, mas também a sua personalidade radiante e calorosa, sua disposição bondosa e sua visão sábia e imparcial da vida.

Casamento

O leonino e seu companheiro devem, juntos, criar projetos que tenham vida própria, tais como empresas, ou obras de arte, como tapeçarias, peças de teatro, esculturas, romances, peças de roupa, filmes, músicas e outras. Uma das coisas mais criativas que duas pessoas podem produzir juntas é um filho, e os leoninos adoram crianças. O simples fato de estar na companhia de crianças e de tudo o que lhes diz respeito dá alegria aos leoninos. Quando se acrescenta esse dado aos negócios e atividades artísticas acima mencionados, podem-se obter até benefícios materiais.

Por mais ocupado que esteja o leonino, ele deve reservar tempo para viver momentos românticos. Um relacionamento sem romance corre o risco de acabar.

O signo oposto a Leão

Aquário é o signo complementar e oposto a Leão. As relações entre eles podem ser tensas, mas Aquário pode mostrar a Leão como ser generoso sem exigir reconhecimento e como deixar que outros ocupem o centro do palco de vez em quando. Isso pode representar um grande desafio para Leão, mas é um dos modos pelos quais ele pode aprender a ser independente das outras pessoas e contentar-se com o próprio valor. Aquário, por sua vez, não vê a vida de forma tão radiante quanto Leão, de modo que este pode lhe dar um bom exemplo a ser imitado.

Compatibilidades

No geral, quando as duas pessoas manifestam as características típicas do seu signo, os relacionamentos íntimos entre um leonino e outro indivíduo podem ser descritos da seguinte maneira:

Leão com Leão:	Harmonioso, desde que ambos estejam dispostos a partilhar o centro do palco
Leão com Virgem:	Harmonioso, mas as diferenças de personalidade exigem que os dois, de vez em quando, mantenham certa distância um do outro
Leão com Libra:	Harmonioso; uma festa que dura a vida inteira
Leão com Escorpião:	Difícil, pois ambos são igualmente teimosos
Leão com Sagitário:	Harmonioso; o casal de amantes é também um casal de amigos
Leão com Capricórnio:	Turbulento quando Capricórnio se recusa a ser generoso materialmente
Leão com Aquário:	Difícil, mas os parceiros podem dar brilhantes lições de vida um ao outro
Leão com Peixes:	Turbulento, especialmente quando Peixes não consegue se pôr à altura das exigências de Leão
Leão com Áries:	Harmonioso; um romance que dura a vida inteira e uma paixão perpétua
Leão com Touro:	Difícil, mas com um aspecto profundamente sensual

Leão com Gêmeos: Harmonioso; a relação romântica também é uma relação de ideias

Leão com Câncer: Harmonioso, desde que as diferenças façam ressaltar o que cada parceiro tem de melhor

Quando as coisas não dão certo

O parceiro que for infiel ao leonino ou que abandonar de repente um relacionamento sério deixará para trás uma pessoa profundamente machucada. O leonino levará meses para se recuperar de uma ferida tão funda, que poderá inclusive torná-lo pouco disposto a se arriscar num novo relacionamento. O leonino precisará curar não somente seu coração ferido, mas também seu moral abatido. O caso amoroso que termina mal pode ter forte impacto sobre o ego e a autoestima do leonino.

Leão no trabalho

É bom para o leonino ser criativo, qualquer que seja o seu emprego ou carreira. Para isso, ele sempre precisa ver de um modo novo os projetos e tarefas que assume. Não deve partir do princípio de que já sabe a melhor maneira de realizar uma tarefa no trabalho. É muito importante que se dedique a um trabalho que lhe permita, de algum modo, expressar sua capacidade de criar soluções criativas para os problemas e propor maneiras melhores de fazer as coisas. O leonino pode até recorrer a uma pessoa, talvez um jovem, e lhe explicar em que consiste o problema. O olhar descontaminado dessa pessoa poderá lhe proporcionar uma solução surpreendente.

Embora o leonino consiga trabalhar com eficiência como membro de uma equipe, não necessariamente tem o temperamento adequado para isso. Está acostumado a ser o "o homem das ideias" por trás de um projeto, bem como a força dinâmica que faz o projeto acontecer. Além disso, tem dificuldade de abdicar do papel de figura de autoridade e ainda mais dificuldade para admitir que outra pessoa pode lhe ensinar um jeito melhor de fazer determinada coisa. Além do talento criativo, a melhor qualidade do leonino no local de trabalho é o talento para a organização.

Profissões típicas

Uma posição em campos tradicionais da criatividade, como a música, a dança, o teatro, a literatura, o *design* ou a moda, é coisa maravilhosa para o leonino. Os leoninos têm uma personalidade forte, criativa e dramática e estão muito presentes no teatro, na televisão e no cinema. Tornam-se estrelas do palco ou da tela, músicos talentosos ou pintores bem conhecidos, de modo que talvez valha a pena dedicarem-se a uma carreira nas artes. Outras profissões que podem ser boas para Leão são investimentos, atividades relacionadas a esportes ou jogos de qualquer tipo e a atividade de divulgar ou exibir mercadorias, quer por meio de anúncios, quer em vitrines. Os leoninos podem também perceber que são chamados a falar em público, sendo essa mais uma oportunidade que têm para manifestar sua criatividade inata.

Comportamento e capacidades no trabalho

No trabalho, o leonino típico:

- tem de ser o responsável
- passa boa impressão
- tem muitos talentos
- faz discursos maravilhosos

- não admite os próprios erros
- gosta de se vestir apropriadamente

O leonino como empregador

O típico chefe leonino:

- é capaz de criar entusiasmo em torno de um projeto
- não tolera a preguiça nem o fracasso
- é charmoso e elogia os funcionários
- não aceita ter a sua autoridade minada
- é generoso com seu tempo e seu dinheiro
- assume o crédito pelo sucesso
- instila confiança e devoção
- tem um ego enorme
- sabe como realizar as tarefas

O leonino como empregado

O típico funcionário leonino:

- reage bem a elogios sinceros
- é muito leal e digno de confiança
- precisa ter seu trabalho reconhecido
- gosta de provar que é o melhor
- trabalha duro para ser promovido
- é capaz de criar uma atmosfera de bom convívio
- gosta de exibir seus sucessos

O leonino como colega de trabalho

Os leoninos precisam estar envolvidos com pessoas e projetos em que sejam capazes de usar suas qualidades de liderança. Qualquer que seja a sua área de atuação, fazem questão de roubar a cena. Isso às vezes causa problemas com seus colegas de trabalho, embora no mais eles se deem bem. Os leoninos adoram mostrar fotos dos lugares para onde viajaram ou dos eventos memoráveis a que compareceram. Por ter a necessidade de inspirar admiração, também exibem símbolos de *status*.

Detalhes, detalhes

Pelo fato de o leonino ser hábil sobretudo para liderar, alguns diriam que ele não é capaz de lidar com os detalhes de um projeto, mas isso não é verdade. É exatamente por serem tão especialistas em equilibrar a importância dos detalhes e a capacidade de ver o quadro geral que os leoninos são bem-sucedidos. No entanto, embora o leonino seja capaz de usar os detalhes de maneira admirável, pode demonstrar desprezo por eles caso estejam obstaculizando o progresso de um projeto maior.

Os leoninos também podem ser muito criativos em atividades que exijam esforço físico. Não acreditam em atalhos e sempre aderem às diretrizes prescritas e aos padrões de segurança. Sob a pressão de um prazo ou de uma crise, o leonino muitas vezes demonstra toda a sua força interior. Mesmo nas situações mais caóticas, estressantes ou complicadas, a sua capacidade de memorizar informações detalhadas e usá-las da melhor maneira possível mostra quanto é forte a sua habilidade de organizar.

A administração do tempo é uma das especialidades de Leão. Os leoninos são especialistas em liderar projetos em que o prazo seja elemento fundamental. Em razão do seu talento natural para a liderança e do seu dom para identificar prioridades, provam que a atenção aos detalhes não implica a incapacidade de ver o todo!

Dinheiro

Os leoninos podem se beneficiar caso corram riscos calculados na bolsa e em outros jogos de azar legalizados, ou caso invistam numa ideia nova que seja fruto de uma inspiração criativa. A sorte do Leão vem sobretudo quando ele se diverte, desfruta do amor e do romance e se dedica a atividades criativas. Caso o leonino possa inserir uma dose de prazer até em suas tarefas mais rotineiras, sua vida será preenchida de riqueza e sucesso no menor tempo possível.

Todos os jogos, esportes, artes do palco, atividades criativas e atividades ligadas a crianças podem beneficiar financeiramente o leonino. Este também poderá lucrar caso corra um risco calculado ou jogue a dinheiro. Os investimentos, uma forma de jogo de azar que conta com o respeito da sociedade, também são favoráveis. Os leoninos gostam de gastar dinheiro; se forem sábios, seguirão durante a maior parte do tempo um orçamento rigoroso.

Em casa

Para o leonino, sua casa é seu castelo. Cuidar da sua manutenção com todo o carinho, embelezá-la e exibi-la aos outros são as maneiras pelas quais ele demonstra o significado que ela tem para ele.

Todo leonino tem em casa pelo menos um objeto que outras pessoas veem como uma forma de ostentação. O leonino precisa ser capaz de estar à vontade e ser ele mesmo em sua casa; a impossibilidade de fazer isso o torna ansioso.

Comportamento e habilidades em casa

O leonino típico:

- sabe cuidar dos consertos e da manutenção da casa
- é o rei de seu castelo

- demonstra a força de seu caráter nas emergências
- proporciona conforto e afeto à família
- tem um gosto refinado para as coisas da casa
- precisa que os outros respeitem seu espaço

Interesses de lazer

Os leoninos se beneficiam imensamente quando dão livre curso à sua criatividade. As recompensas que o verdadeiro artista recebe são secundárias em relação ao prazer que ele sente em simplesmente fazer sua arte. Todo leonino precisa exercitar seus talentos criativos de alguma maneira.

O leonino típico aprecia os seguintes passatempos

- assistir a esportes competitivos na televisão
- ler biografias de celebridades
- comprar roupas
- escrever um diário
- ir a apresentações de música
- dar festas em casa

Do que o leonino gosta

- muita ação
- adoração e reconhecimento
- ser criativo
- ganhar presentes feitos de ouro
- pessoas famosas
- teatro
- um público que o aprecie
- crianças e animais de estimação

- comidas e restaurantes exóticos
- lugares quentinhos
- roupas de grife

Do que o leonino não gosta

- não ser reconhecido
- tempo frio
- inatividade física
- ser ignorado ou não ser escolhido
- trabalhar nos bastidores
- perfumes baratos
- que achem que ele não fez mais que a obrigação
- que lhe digam que ele não consegue fazer determinada coisa
- decoração deselegante
- fazer todas as refeições em casa
- dissimulação ou subterfúgio

O lado secreto de Leão

Secretamente, o leonino típico é mais carente de amor do que qualquer um poderia imaginar. O verdadeiro leonino é uma pessoa que quer estar por cima, quer ser o chefe e ser ouvido sem questionamentos. No entanto, tanto essa aspiração quanto a própria realidade da sua vida submetem o leonino a grande tensão. Ao passo que os leoninos típicos parecem confiantes, especialmente quando estão sob os holofotes, lá no fundo eles têm dúvidas acerca do seu real valor e podem menosprezar-se interiormente.

Sol

O signo de Leão é regido pelo Sol. Embora os astrólogos babilônios e sumérios soubessem que o Sol é uma estrela, consideravam-no como um planeta – o mais importante de todos. O antigo símbolo astrológico do Sol, um ponto no centro de um círculo, mostra que eles sabiam que o Sol era orbitado pelos planetas. Esse ponto também simboliza cada um de nós no centro do nosso "sistema solar" pessoal, composto por nossos amigos, familiares, vizinhos e colegas de trabalho. O Sol dá luz e vida ao nosso mundo e, na astrologia, simboliza o ego. Os planetas giram em torno do Sol, e é por isso que ele também rege a fama, o *status* e o poder real. A luz e o calor do Sol são vivificantes e, assim, o Sol representa a paternidade no sentido de calor humano, radiância e generosidade. Representa um pai que dá vida a seus filhos, acredita na capacidade das suas criações e se orgulha delas. O Sol rege o nosso coração.

Como criar um leonino

A maioria dos leõezinhos tem emoções turbulentas e muitas vezes as expressam de maneira dramática. Sempre gostam de ficar em evidência na escola e costumam assumir a liderança de tarefas e atividades.

A natureza amistosa de Leão torna as crianças desse signo queridas de todos, inclusive de desconhecidos. Por serem geralmente extrovertidas, é preciso ensinar-lhes a ter discernimento ao falar com pessoas que não conhecem.

Se os pais não usarem de disciplina e argumentos para enfatizar a importância de fazer a lição de casa e ajudar nas tarefas domésticas, é possível que seu filho leonino se torne um reizinho mandão. É bom recompensar a criança leonina pelas coisas boas que fizer, pois ela precisa de amor, abraços e elogios.

Deve-se também ensiná-la como usar a mesada, pois é possível que a gaste em banalidades. Como em quase tudo o que se refere ao jovem leonino, o que é ensinado não é tão importante quanto o que seus professores e cuidadores demonstram, pelo exemplo, em suas interações com os adultos. As crianças leoninas têm a certeza inata de que o que as pessoas falam e o que elas fazem são duas coisas diferentes. Caso os adultos que os rodeiam não deixem claro que o único uso válido da mentira é evitar ferir os sentimentos alheios, é muito possível que os pequenos leoninos se sintam perfeitamente à vontade em maquiar a verdade para alcançar seus objetivos.

As crianças de Leão se sentem naturalmente mais felizes quando se dedicam a atividades físicas. À medida que crescem e passam a se sentir atraídas pelo sexo oposto, apaixonam-se intensamente e depois se desinteressam das pessoas. O pai ou a mãe de qualquer filho leonino precisa saber que o leonino é extremamente dramático, especialmente em assuntos românticos. Por isso, precisa encorajá-lo a falar a verdade.

A criança leonina

A típica criança leonina:

- não gosta de ficar parada
- tenta ser o centro das atenções
- adora jogos e teatrinhos
- tem muita energia
- é alegre e amistosa
- é aventureira e corajosa
- gosta de ser mimada
- é generosa com os amiguinhos
- detesta ser ignorada
- adora festas e atividades em grupo
- se interessa por assuntos românticos desde nova

- tenta comandar as ações de outras crianças
- às vezes distorce um pouquinho a verdade
- gosta de fingir que é pai/mãe ou outra figura de autoridade

O leonino como pai ou mãe

O típico pai ou mãe leonino:

- encoraja os filhos e é acessível
- deixa que os filhos façam bagunça
- gosta de organizar as atividades das crianças
- estimula os filhos a participar de atividades esportivas
- é liberal em matéria de disciplina
- expressa afeto facilmente e com frequência

Saúde

Os leoninos típicos são felizes, saudáveis e dinâmicos, desde que sejam amados. Se por alguma razão não obtêm a atenção ou o afeto que ambicionam, eles reclamam. Às vezes comem e bebem demais, mas não convém que o façam com frequência. Devem tomar cuidado para não ganhar peso. Os leoninos devem cuidar do coração e das costas, pois essas são as partes do corpo que Leão rege.

Quando fica doente, o leonino típico não fica muito tempo de cama antes de se levantar novamente e voltar às suas atividades. O leonino não tolera ficar de molho por muito tempo.

LEONINOS FAMOSOS

Adoniran Barbosa
Preta Gil
Suzana Vieira
Napoleão Bonaparte
Fidel Castro
Bill Clinton
Robert De Niro
Glória Maria
Henry Ford
Marcos Palmeiras
Alfred Hitchcock
Bruna Marquezine
Fafá de Belém
Mick Jagger
Carl Jung
Vera Holtz
Madonna
Jacqueline Kennedy Onassis
Murilo Rosa
Robert Redford
J.K. Rowling
Arnold Schwarzenegger
Leonardo
Charlize Theron
Andy Warhol

"Os signos do zodíaco são padrões cármicos. Os planetas são os teares, a vontade é o tecelão."

– AUTOR DESCONHECIDO

VIRGEM
23 de agosto – 22 de setembro

VIRGEM

23 de agosto – 22 de setembro

Planeta: Mercúrio
Elemento: Terra
Qualidade: Mutável
Dia: quarta-feira
Estação: verão
Cores: azul-marinho, cinza, verde, castanho
Plantas: samambaia, crisântemo, sálvia
Perfume: patchouli
Pedras: apatita, aventurina, opala branca, crisólito
Metal: mercúrio
Qualidades pessoais: conservador, discreto, prático, inteligente e voltado para os detalhes

Palavras-chave

Os termos a seguir são chamados "palavras-chave" porque podem ajudar você a decifrar o sentido essencial do signo astrológico de Virgem. Cada palavra-chave representa questões e ideias de suma importância e destaque na vida das pessoas nascidas tendo Virgem como signo solar. Você vai constatar que, em geral, cada virginiano incorpora pelo menos uma destas palavras-chave em seu modo de viver:

pensamento – observação – estudo – análise – discriminação – divisão em partes componentes – crítica – razão – lógica – conexão – adaptação – mudar as coisas de lugar – espalhar – fazer à mão – cinzelar – formar – detalhe – previsão – cálculo – simbolismo – tradução – comunicação – fala – escrever e ler

O sentido simbólico de Virgem

O signo de Virgem é geralmente representado como uma jovem segurando feixes de trigo. É importante lembrar que, na antiguidade, a palavra "virgem" tinha dois sentidos: era usada não somente para designar uma pessoa que nunca houvesse tido relações sexuais, mas também uma mulher independente que fazia as coisas do seu jeito e sobre a qual nenhum homem tinha domínio. Com efeito, os virginianos florescem quando têm liberdade para fazer as coisas do seu jeito.

Esse duplo sentido da palavra "virgem" reflete a natureza dual que caracteriza os virginianos. Às vezes eles se mostram completamente confiantes em suas opiniões e em sua competência, mas às vezes se enchem de dúvidas e mostram-se ingênuos como um jovem principiante. Esse aspecto de seu caráter tem tudo a ver com o fato de Virgem ser um dos quatro signos Mutáveis da astrologia (os outros três são Gêmeos, Peixes e Sagitário).

O Sol passa pelos signos Mutáveis do zodíaco nos momentos em que, na Terra, estamos nos preparando para a mudança das estações. As pessoas nascidas sob os signos Mutáveis são, por isso, consideradas adaptáveis a uma grande variedade de circunstâncias. Flexíveis e abertos à mudança, esses indivíduos lidam com cada situação de acordo com as necessidades e desejos do momento. Os virginianos se sentem melhor quando se adaptam às influências externas do que quando impõem sua vontade aos outros.

Os feixes de trigo que a jovem leva nas mãos representam a ligação de Virgem com a terra. Virgem é, afinal, um signo de Terra – um do três signos solares cujos focos são o bem-estar físico e os assuntos práticos da vida cotidiana (os outros dois são Touro e Capricórnio). O elemento Terra simboliza a lógica, a confiabilidade e um sentido de dever para com as pessoas consideradas valiosas e valorosas. As pessoas nascidas quando o Sol está transitando por um dos três signos de Terra são as mais confiáveis e responsáveis. Têm os pés no chão e são dotadas do dom prático de compreender o mundo material.

O trigo nas mãos da virgem também simboliza a colheita – a época do ano em que, no Hemisfério Norte, o Sol está no signo de Virgem. Nas sociedades agrárias, a colheita era a época mais importante do ano e aquela em que a atividade era maior – de onde as tendências de Virgem para trabalhar com as mãos.

Como reconhecer um virginiano

As pessoas que manifestam as características físicas próprias do signo de Virgem têm aparência asseada e bem cuidada e têm um rosto agradável, muitas vezes bonito. Não são, em geral, pessoas barulhentas nem chamam a atenção para si mesmas de propósito, embora sua visão do que seja bom e correto seja, muitas vezes, única e exclusiva, de tal modo que parece que elas estão se vestindo para chocar os valores de outras pessoas – mas não estão!

O comportamento e os traços de personalidade típicos de Virgem

- é capaz de analisar as situações de modo detalhado
- é, no fundo, um tímido, por mais que seja falador
- não é sentimental nem emocional
- serve às outras pessoas de algum modo
- se define por meio do trabalho
- se sente um pouco inseguro
- repara nos detalhes e se lembra deles
- é eficiente e ordeiro
- é solícito para ajudar nos assuntos práticos
- não expressa facilmente seus sentimentos
- pode ser crítico ou perfeccionista
- leva as responsabilidades a sério

O que motiva o virginiano?

Os virginianos são movidos pela busca da perfeição. Essa busca se manifesta em tudo o que fazem ou falam – e especialmente no que não fazem nem falam (ou se recusam a fazer e falar). Na verdade, preferem não fazer nada a fazer a coisa errada, o que frequentemente leva outras pessoas a considerá-los preguiçosos e lentos. Porém, lá no fundo, os virginianos são as pessoas que dão mais duro no trabalho – estão sempre dispostos a ajudar quem quer que considerem dignos de seu serviço, e são capazes de fazer isso.

A personalidade virginiana em sua expressão positiva

Os virginianos que se sentem impelidos a empenhar suas melhores capacidades para realizar atos úteis manifestam a personalidade hábil, zelosa e humilde do seu signo. Sua habilidade para resolver qualquer problema mediante um exame atento dos menores detalhes é devida à facilidade que eles têm para analisar pessoas, situações e procedimentos. Os virginianos são capazes de encontrar um jeito melhor de fazer praticamente qualquer coisa.

Pelo lado positivo

Os virginianos que manifestam as características positivas associadas a seu signo também tendem a ser:

- gentis
- organizados
- compassivos
- caritativos
- dotados de muita energia
- espirituosos e charmosos
- conhecedores de assuntos de saúde
- solícitos
- dedicados

A personalidade virginiana em sua expressão negativa

Os virginianos que não conseguem se impedir de se preocupar com tudo e com todos demonstram as limitações típicas do seu signo. Atolados em detalhes sem importância, deixam passar em branco o quadro geral. Embora façam suas críticas com as mais nobres intenções, esse hábito pode causar-lhes problemas (e, quando expressam críticas com intenções menos nobres, os problemas são piores).

Traços negativos

Os virginianos que manifestam as características negativas associadas a seu signo também tendem a ser:

- rabugentos e irritadiços
- dogmáticos e exageradamente críticos
- desmazelados
- hipocondríacos
- nervosos e preocupados
- puritanos
- exigentes
- fechados para toda expressão de sentimento

Peça a um virginiano

Peça a um virginiano que lhe conte quais são as últimas notícias e fofocas ou quais são os melhores restaurantes e teatros – ou qualquer outra coisa – da cidade. A importância que os virginianos dão à perfeição os faz buscar a nata da nata em todos os departamentos da vida. Seu bom gosto é bem conhecido de todos, e, mesmo quando não são artistas nem artesãos, são excelentes críticos do trabalho dos outros, embora às vezes possam ser ríspidos.

A amizade com os virginianos

Entre as melhores qualidades dos virginianos estão a benignidade, a sinceridade e um forte senso de responsabilidade. Por isso, não surpreende que sejam excelentes amigos. E podem ser amigos extremamente úteis, pois precisam ter a oportunidade de servir aos outros e atingem sua melhor forma quando podem se encarregar de muitas tarefas aparentemente insignificantes para outras pessoas.

Quando a questão é fazer amigos, os virginianos são mais atraídos por pessoas asseadas, ordeiras e inteligentes. Tendem ainda a apreciar aquelas que têm uma ampla gama de interesses. Os virginianos mantêm distância, em geral, de indivíduos dados a grandes manifestações de emoção. Preferem passar seu tempo com aqueles que transmitem paz e serenidade.

Em busca do amor

A busca de perfeição do virginiano tende a se manifestar também em sua vida amorosa. O virginiano não só quer que seu parceiro seja perfeito como também espera a mesma perfeição dos encontros entre os dois. Isso pode produzir momentos maravilhosos e românticos na companhia de pessoas fascinantes, mas também pode condenar o virginiano a infindáveis noites de solidão caso ele permita que seus padrões incrivelmente altos o impeçam de conhecer alguém. Na verdade, os virginianos tendem a ser extremamente exigentes no que se refere às pessoas com quem decidem se tornar física e emocionalmente íntimos. É comum que um virginiano passe longos períodos sem manifestar nenhum interesse pelo amor e, de repente, vá viver junto com uma pessoa que foi aprovada em todos os seus testes.

Nem os padrões elevados nem o medo da intimidade representam, contudo, os maiores obstáculos a que os virginianos encontrem sua alma gêmea. A maior barreira no caminho dos virginianos rumo ao verdadeiro amor é o medo de que, depois de permitir que uma pessoa se aproxime, essa pessoa venha a descobrir que eles não são perfeitos e, por isso, resolva ir embora.

Para que o virginiano mantenha um relacionamento amoroso, ele não só deve ter consciência dessa tendência como também deve se abrir acerca dela com o potencial companheiro caso ela comece a ameaçá-lo. A boa notícia é que esse tipo de preocupação é motivo para que as pessoas que se apaixonam pelos virginianos os achem ainda mais encantadores.

Para encontrar aquela pessoa especial

Como o virginiano tende a ter alta capacidade discriminativa, excelente gosto artístico e uma infinidade de conhecimentos sobre os mais diversos assuntos, os museus, palestras, cursos, sessões de degustação de vinho ou alimentos, galerias de arte, concertos e até bibliotecas estão entre os lugares e situações em que ele estará mais bem-disposto para conhecer outras pessoas.

O primeiro encontro

Os virginianos adoram pompa e circunstância e apreciam companheiros que partilhem o mesmo gosto. Uma noite ideal teria uma ida à ópera e, depois, jantar num restaurante tão conhecido pelo menu quanto pela decoração. Os virginianos gostam de comer em pequenas porções, e muitas vezes pedem vários pratos pequenos para poder experimentar uma grande diversidade de petiscos curiosos. Quando a noite termina, o virginiano se lembra de todos os figurinos e mudanças de cenário na ópera e gosta de falar sobre isso – bem como sobre o que ele e seu par vestiram, disseram e fizeram (com todos os detalhes) – com os amigos.

O virginiano e o amor

O virginiano é o romântico mais prático do zodíaco. É tímido e lento para se apaixonar, pois as dúvidas e a baixa autoestima o tornam resistente à crença de que alguém poderia amá-lo – mesmo quando essa pessoa realmente pensa ser ele o melhor ser humano que ela já conheceu. Embora seja lógico e analítico, o virginiano não se interessa por nada menos que o verdadeiro amor de que falam os contos de fadas. Quando se apaixona, ama intensamente.

Amor eterno

Esqueça as aventuras de uma noite – em geral, elas não são tão memoráveis assim. O melhor para os virginianos é buscar uma vida cheia de qualidade e sentido ao lado de uma pessoa de quem eles se orgulhem de ser não somente a alma gêmea, mas também um auxiliar e um companheiro. Quando encontram o amor, seus sentimentos vão se tornando cada vez mais calorosos e estáveis à medida que a devoção pelo parceiro aumenta. O melhor é que, quando finalmente concluem que determinada pessoa é digna de seu afeto, os virginianos, caracteristicamente tímidos e mansos, são capazes de demonstrar uma paixão quase vulcânica que se torna um elemento central de sua vida, antes tão monótona e sem diversão.

Expectativas no amor

Os virginianos esperam, de um parceiro com quem se comprometem, os mesmos cem por cento de devoção que eles mesmos se dispõem a demonstrar. No entanto, nem todos são capazes de manifestar tal devoção. Por isso, é possível que o virginiano se decepcione com seu companheiro por não tratá-lo com reciprocidade; isso pode levá-lo a questionar esse desequilíbrio no relacionamento. No entanto, no momento em que o virginiano aceitar que é assim que as coisas são – que ele é capaz de se doar muito mais que os outros –, pode voltar a dar cem por cento de si sem reservas.

O virginiano tem um senso altamente desenvolvido de decência e lealdade e espera que seu companheiro o respeite e procure imitá-lo sob esse aspecto. A maioria dos virginianos tem tal disposição de jamais falhar com o companheiro que se torna altamente resistente aos encantos de terceiros e nunca pula a cerca.

O virginiano espera que seu parceiro o paparique quando ele está deprimido. Também quer que seus assuntos particulares, especialmente seus fracassos e defeitos, não sejam divulgados. Por último, mas não menos importante, espera que seus sentimentos sejam tratados com ternura, amor e carinho.

O que o virginiano procura

Os virginianos não estão à procura de quem atenda a todos os seus caprichos nem tendem a se deixar fascinar por maquiagem e roupas sensuais. O que os atrai num potencial parceiro não é a boa aparência, mas o que está sob a superfície. O virginiano é capaz de apreciar uma pessoa cujas maravilhosas qualidades só ele conhece. Por isso, às vezes a família e os amigos não entendem por que ele escolheu se envolver com tal pessoa.

Se o virginiano soubesse...

Se o virginiano soubesse quanto os outros o admiram, perceberia que, por mais imperfeito que pense ser, está muito mais perto da perfeição que os outros mortais! As pessoas que têm a sorte de se envolver amorosamente com um virginiano são, em geral, aquelas que buscam o melhor que a vida tem a oferecer, e por isso não é incomum que dois virginianos se casem; essa união é uma experiência única para a qual o resto do mundo olha com admiração.

Casamento

Fiéis à sua natureza analítica, os virginianos avaliam qualquer proposta de casamento com imenso cuidado, pesando os prós e os contras antes de dar uma resposta. Embora esse comportamento possa parecer frio e calculista, todas as decisões que o virginiano toma na vida são abordadas de forma metódica e ponderada.

Os que se envolvem com um virginiano não devem esperar que ele mude após o noivado ou o casamento. Pelo contrário, quando os virginianos se sentem confortáveis e seguros num relacionamento, eles se esforçam ainda mais para ser perfeitos – como tributo a seu amor.

A cerimônia de casamento de um virginiano será digna de aparecer em capa de revista ou será realizada em segredo sem a presença de convidados, mas certamente não ficará num ponto intermediário. Das duas, uma: ou todos os detalhes serão perfeitos ou a pompa será dispensada por completo – garantindo, assim, a sanidade de ambos os parceiros.

O signo oposto a Virgem

Peixes é o signo oposto a Virgem. O relacionamento entre Virgem e Peixes pode ser bem difícil, mas há certas coisas que Virgem tem a aprender com seu oposto. Peixes pode ensinar Virgem a aceitar o que outra pessoa tem a lhe dar, em vez de ser sempre ele a dar de si. Também pode ensinar Virgem a calar por alguns instantes aquela constante voz crítica interior e a subir e descer com a maré, de modo que sua imaginação tenha a oportunidade de se desenvolver.

Assim, Virgem pode começar a aceitar as imperfeições humanas, especialmente as suas próprias.

Compatibilidades

No geral, quando as duas pessoas manifestam as características típicas do seu signo, os relacionamentos íntimos entre um virginiano e outro indivíduo podem ser descritos da seguinte maneira:

Virgem com Virgem:	Harmonioso: uma busca a dois pela perfeição
Virgem com Libra:	Harmonioso; o relacionamento funciona apesar da diferença de tipos
Virgem com Escorpião:	Harmonioso, desde que Escorpião seja o chefe
Virgem com Sagitário:	Difícil, pois falta respeito entre o casal
Virgem com Capricórnio:	Harmonioso; os dois parceiros se esforçam para que o relacionamento funcione
Virgem com Aquário:	Difícil; um relacionamento cheio de discussões, em que nenhum dos dois ouve
Virgem com Peixes:	Harmonioso, pois os opostos se atraem; mas e depois?
Virgem com Áries:	Turbulento para o amor, bom para a amizade
Virgem com Touro:	Harmonioso e seguro – um romance de primeira classe!
Virgem com Gêmeos:	Difícil: a praticidade de Virgem se opõe às fantasias e teorias de Gêmeos

Virgem com Câncer: Harmonioso; uma verdadeira parceria de dois indivíduos que cuidam um do outro

Virgem com Leão: Harmonioso: apesar das imensas diferenças, o relacionamento pode funcionar

Quando as coisas não dão certo

Os virginianos são naturalmente leais e fazem de tudo para que um casamento ou outro relacionamento permanente não termine. No entanto, também são pessoas essencialmente práticas e sensatas. Caso seu senso de justiça seja escandalosamente espezinhado, o virginiano se separará de maneira rápida e definitiva. Por ter boa disciplina, logo deixará o passado para trás e dará início a um novo capítulo de sua vida.

Virgem no trabalho

Seria possível escrever todo um livro sobre a relação entre os virginianos e o trabalho, pois eles adoram trabalhar e trabalham muito bem. Mesmo os virginianos que mais zelam pelo progresso na carreira trabalham numa única coisa de cada vez; seus superiores reparam nisso e passam a recorrer a eles em todas as situações. Infelizmente, essa característica às vezes dificulta para os virginianos o progresso rumo a um emprego melhor, pois eles são vistos como peças essenciais no ambiente de trabalho atual. Sua tendência à humildade também costuma atrasar-lhes a carreira e deve ser trabalhada, especialmente quando o objetivo é progredir na carreira.

A lógica e a mentalidade analítica do virginiano, aliada à sua capacidade de comunicar de modo inteligível suas intuições, o torna essencial para o sucesso de empreendimentos grandes e pequenos. O virginiano é a eficiência em pessoa e é capaz de analisar qualquer sistema, evidenciando seus pontos fortes e fracos e permitindo a criação de uma versão melhor. Sua força de caráter o impede de abandonar os projetos a meio caminho; por isso, caso você lhe peça ajuda, deixe que ele o ajude e saiba que ele o fará até que a tarefa esteja terminada.

Para a maioria dos virginianos, os planos de carreira e a expansão dos projetos existentes não são tão interessantes quanto os detalhes de tudo aquilo com que já estão comprometidos. Acreditam que todas as tarefas que têm de cumprir, mesmo as insignificantes, são importantes para a carreira. Embora os nativos de outros signos possam ignorar esses assuntos pequenos, é importante para o virginiano prestar atenção à cortesia social e aos detalhes das normas e regulamentos. Também é importante que preste especial atenção ao significado exato das palavras usadas na fala e na escrita, bem como à interpretação da política da empresa.

Profissões típicas

O virginiano está capacitado para exercer qualquer função que o habilite a ajudar outras pessoas e projetos e lidar com detalhes complicados ou difíceis. A área de saúde, a química, a farmacologia, a engenharia, a contabilidade, a programação de computadores e a arquitetura são campos dos quais nos lembramos imediatamente, mas há muitas outras carreiras nas quais a precisão e o olhar atento do virginiano podem ter bom uso. As artes que exigem maestria na coordenação entre o olhar e os movimentos das mãos lhe proporcionarão imenso prazer.

Na realidade, os virginianos podem chegar à excelência em qualquer atividade a que de fato se dediquem, desde que ela esteja mais ligada a uma análise criativa imediata que a planos empresariais de longo prazo. O melhor tipo de atividade para os virginianos é aquela em que eles tenham de decompor uma coisa, reduzindo-a a seus elementos básicos, e depois analisá-la.

Comportamento e capacidades no trabalho

No trabalho, o virginiano típico:

- faz com que todos se concentrem nos detalhes
- ajuda os colegas que estão com problemas ou que procuram sua assistência
- exibe meticulosidade e disciplina
- transmite ao grupo uma sensação de estabilidade
- gosta de tarefas complicadas e rotineiras

O virginiano como empregador

O típico chefe virginiano:

- expõe com clareza seus pensamentos
- tem boas maneiras
- se lembra de tudo
- espera que os funcionários tenham senso de justiça
- espera que os funcionários sejam asseados e não tenham hábitos condenáveis
- tira de letra projetos complicados
- recompensa o bom trabalho com um bom salário, não com mordomias
- lidera promovendo o consenso

O virginiano como empregado

O típico funcionário virginiano:

- tem mente inquisitiva e lógica
- é extremamente hábil para fazer pesquisas e escrever
- espera ser bem pago
- demonstra cortesia, confiabilidade e perfeccionismo
- trabalha de maneira cautelosa, crítica e metódica

O virginiano como colega de trabalho

Os virginianos levam seus relacionamentos profissionais a sério e aliam o dever à devoção. Leais e comprometidos, tendem a desenvolver com os colegas de trabalho laços que normalmente se criam apenas entre pessoas da mesma família.

Detalhes, detalhes

O virginiano é detalhista. Elabora listas de coisas a fazer e executa-as uma a uma. Lembra-se de datas e das mais insignificantes cláusulas de acordos e contratos; é capaz de verdadeiros milagres quando se trata de equilibrar um orçamento de maneira sensata. Adora seu trabalho, honra os compromissos assumidos e critica tudo – construtivamente, é claro.

O virginiano é tímido, mas, na hora da necessidade, pode ser extremamente forte e resistente. Nos negócios, é inteligente, frio e totalmente comprometido. É muito comum que conheça seu parceiro amoroso por meio do emprego ou da profissão. O momento em que se sente mais à vontade é quando está trabalhando.

De todos os signos, Virgem é o que mais suprime os próprios sentimentos e emoções, por medo de ser tido como uma pessoa fraca.

Por isso, está sempre disposto a criticar decisões tomadas por puro instinto; prefere, ao contrário, a análise lógica. É bom para o virginiano trabalhar com indivíduos que sejam capazes de se contrapor a seus pontos de vista de modo suave porém determinado, deixando claro que a intuição não é a antítese da lógica, mas seu complemento.

Dinheiro

O virginiano tem a capacidade de alcançar qualquer objetivo pelo qual trabalhe com diligência e paciência. Por ser prático, o virginiano sempre tem dinheiro suficiente quando precisa dele e, felizmente, não sucumbe à tentação da gratificação imediata. Embora tenda a esperar até ter dinheiro para comprar exatamente o que quer, não vai deixar que essa tendência o leve ao desânimo. Os virginianos guardam seus recursos para o futuro. Esses recursos nem sempre são constituídos de dinheiro e outros bens materiais; o importante é aquilo que o virginiano considera necessário para seu sucesso. Seu patrimônio pode consistir, portanto, em vínculos familiares, amizades, favores devidos e até segredos compartilhados. A força de sua fé, tanto em matéria de religião quanto de crença em seus próprios princípios, é tão importante para ele quanto qualquer recurso material.

Em casa

O virginiano se sente bem em casa, pois relaxa sobretudo quando está em seu próprio ambiente. Prefere consertar e arrumar as coisas no lar a sair para se dedicar a outras atividades. Em geral, das duas, uma: ou o virginiano é compulsivamente asseado ou não dá a mínima para a limpeza e a organização. Muitas vezes faz coleções de objetos que para ele são preciosos, embora as outras pessoas possam achá-los estranhos.

Comportamento e habilidades em casa

O virginiano típico:

* gosta de planejar e fazer consertos
* é especialista em coisas como culinária, manutenção doméstica e jardinagem
* prefere estar criando ou construindo algo a sentar-se sem fazer nada
* se dedica a diversos passatempos em casa

Interesses de lazer

A maioria dos virginianos gosta de se dedicar a atividades intelectuais ou trabalhos manuais durante seu tempo livre. Inquietos por natureza, precisam de muitas atividades para se manter ocupados. Todavia, não apreciam naturalmente os esportes, embora possam se exercitar regularmente para cuidar da saúde.

O virginiano típico aprecia os seguintes passatempos

* brincar com equipamentos eletrônicos e mecânicos de última geração
* assistir a concertos e peças de teatro
* jardinagem
* ler livros e revistas
* criar projetos artesanais detalhados
* bordar e costurar
* praticar modelismo
* fazer cursos de aperfeiçoamento pessoal

Do que o virginiano gosta

- listas, planos e pontualidade
- sabonetes de boa qualidade
- pequenos animais
- flores e ervas
- marcas de grife
- comidas saudáveis
- pratos bonitos
- coleções interessantes
- caixas e armários engenhosos e interessantes
- tons pastel

Do que o virginiano não gosta

- multidões, barulho e gente mal-educada
- gírias e palavrões
- sujeira e desordem
- pessoas reclamonas
- ficar muito tempo sentado
- quebras de rotina
- caixas e tubos de pasta de dente destampados
- dever favores
- que os outros mexam em suas coisas e as tirem do lugar
- cores brilhantes, fortes, primárias

O lado secreto de Virgem

Qualquer pessoa que tenha forte influência do signo de Virgem também tende a se preocupar demais com suas imperfeições pessoais e de nunca se achar à altura de seus próprios padrões. O virginiano pode até, na superfície, dar a impressão de saber tudo e trabalhar compulsivamente, mas esses aspectos de sua personalidade mascaram o medo profundo de não ser bom o suficiente, especialmente no emprego ou no relacionamento amoroso.

Mercúrio

Mercúrio, o planeta da mente e da comunicação, rege o signo de Virgem. Por isso, os nascidos sob esse signo têm a mente rápida e são incisivos e perceptivos. Os virginianos têm um pendor para a educação – tanto no ensino quanto no aprendizado – e se interessam particularmente pelos computadores.

Graças ao forte vínculo do planeta Mercúrio com a comunicação (na mitologia romana, o deus Mercúrio era chamado de "mensageiro alado"), os virginianos costumam manter contato com as pessoas que conhecem. São grandes correspondentes e gostam de mandar cartas e e-mails. Mais ainda: espirituosos, sabem enriquecer suas conversas com relatos e representações detalhadas de cenários e acontecimentos.

Como criar um virginiano

As crianças virginianas precisam de muitos abraços e elogios sinceros para desenvolver a autoconfiança – uma qualidade que, em regra, não é inata neles. Os virginianos novos se esforçam muito para agradar, desde que saibam claramente o que deles se espera.

À medida que crescem, os virginianos muitas vezes encontram dificuldades em seu relacionamento com o sexo oposto. Quando recebem muitos elogios sinceros e muito encorajamento na infância, seu caminho rumo ao verdadeiro amor na adolescência e na idade adulta fica extremamente facilitado. É preciso bastante esforço para convencer um virginiano de que ele é uma pessoa fisicamente atraente e digna de amor, pois ele é extremamente crítico em relação a si mesmo.

No conjunto, as crianças virginianas se esforçam para tirar boas notas na escola e gostam de ajudar em casa. Muito exigentes e precisas em tudo o que se refere ao tempo, à comida e à organização, tendem a ser extremamente asseadas e organizadas, às vezes até demais, no que se refere a seus pertences. Se um virginiano é desmazelado, é porque alguma outra influência astrológica forte contraria a do signo solar no seu mapa natal.

As crianças virginianas têm a tendência de criticar todos os outros membros da família, especialmente quando se pede a sua opinião. Por isso, é preciso ensiná-las a aceitar as fraquezas alheias e a não se aborrecer com coisas pequenas e pouco importantes.

A criança virginiana

A *típica criança virginiana:*

- é rápida e atenta
- nasce sabendo fazer mímica
- é capaz de aprender muitas coisas num curto espaço de tempo
- frequentemente aprende a ler e escrever muito cedo
- se aborrece quando esquece algo que havia memorizado
- raramente questiona a autoridade
- frequentemente questiona fatos
- não mente e é confiável
- é tímida no trato com desconhecidos
- adora cumprir tarefas domésticas, imitando um adulto
- pode ser enjoada para comer

- tende a ser asseada e ocasionalmente desorganizada
- fica muito brava quando é provocada ou quando riem dela

O virginiano como pai ou mãe

O típico pai ou mãe virginiano:

- encoraja os filhos a fazer perguntas
- estimula as atividades práticas no tempo livre
- se preocupa com a saúde dos filhos
- pode ter dificuldade para expressar afeto de forma calorosa
- se aborrece quando os filhos se sujam e fazem bagunça
- explica o porquê de suas ordens
- faz qualquer coisa para ajudar os filhos

Saúde

Os virginianos são, em geral, saudáveis e se cuidam bem. No entanto, quando estão demasiado preocupados ou infelizes, podem sucumbir à tendência virginiana para a hipocondria.

Frequentemente os virginianos podem sentir dor de estômago em razão de sua natureza ansiosa e nervosa. Para manter a saúde, devem tomar cuidado para não trabalhar demais; pelo contrário, precisam aprender a relaxar. Para fazer isso, no entanto, muitas vezes têm de encarar o relaxamento como mais um item da sua lista de atividades. Devem dormir mais e passar o maior tempo possível caminhando ao ar livre. Devem também evitar as bebidas alcoólicas e os alimentos muito apimentados e temperados.

VIRGINIANOS FAMOSOS

Fátima Bernardes
Lauren Bacall
Luciano Huck
Andrea Bocelli
Sean Connery
Cameron Diaz
Greta Garbo
Richard Gere
Paulo Coelho
Michael Jackson
Gustavo Kuerten
Tony Ramos
B.B. King
Stephen King
Sophia Loren
Carolina Dickmann
Bill Murray
Ana Carolina
Daniele Suzuki
Keanu Reeves
Jada Pinkett Smith
Madre Teresa de Calcutá
Luana Piovani
Twiggy
Sandra de Sá

"Não existe um barco melhor do que o horóscopo para ajudar o homem a cruzar o mar da vida."

– VARAHA MIHIRA

LIBRA
23 de setembro – 22 de outubro

LIBRA

23 de setembro – 22 de outubro

Planeta: Vênus
Elemento: Ar
Qualidade: Cardinal
Dia: sexta-feira
Estação: outono
Cores: azul-claro, azul royal, tons pastel
Plantas: orquídea, dedaleira, eucalipto
Perfume: baunilha
Pedras: opala, jade, safira, topázio azul
Metal: cobre
Qualidades pessoais: artístico, refinado, elegante, inteligente e diplomático

Palavras-chave

Os termos a seguir são chamados "palavras-chave" porque podem ajudar você a decifrar o sentido essencial do signo astrológico de Libra. Cada palavra-chave representa questões e ideias de suma importância e destaque na vida das pessoas nascidas tendo Libra como signo solar. Você vai constatar que, em geral, cada libriano incorpora pelo menos uma destas palavras-chave em seu modo de viver:

parceria – união – combinação de cores – sofisticação – bom gosto – yin e yang – lei – equilíbrio – cooperação – equidade – controle de qualidade – desapego – estética – harmonioso – em cima do muro – romântico – ideias – opiniões – política – diplomacia – boas maneiras – estilista – dê uma chance à paz – moderado – prós e contras – melífluo – idealismo – conforto – compras – justiça

O sentido simbólico de Libra

Libra é o único signo cujo símbolo não é um ser vivo – nem humano nem animal. Seu símbolo é a balança de dois pratos, que representa a justiça. A balança nos lembra que a época do signo de Libra dentro do ano é aquela em que a colheita é pesada, medida e comparada com a de outros anos e outros agricultores. As declarações públicas de sociedades contratuais eram feitas e executadas e as mercadorias eram trocadas por outras de igual valor de mercado. Porém, o equilíbrio perfeito da balança libriana também nos lembra que as primeiras seis lunações do ano já passaram e, junto com elas, a época mais quente do ano; temos à nossa frente, no Hemisfério Norte, as seis lunações do frio, com seus desafios. Nossos antepassados sabiam que um relacionamento amoroso equilibrado era mercadoria valiosíssima nas noites frias. Somente uma unidade familiar cujos membros cooperassem harmoniosamente uns com os outros poderia sobreviver às privações do inverno.

Libra é um dos quatro signos Cardinais da astrologia (os outros três são Áries, Câncer e Capricórnio). As pessoas com forte influência Cardinal gostam de desencadear mudanças, do mesmo modo que os signos Cardinais iniciam cada uma das quatro estações. Consequentemente, gostam de estar no comando, assumir a responsabilidade e agir para dirigir e controlar.

Libra também é um dos três signos de Ar da astrologia (os outros dois são Gêmeos e Aquário). Os signos de Ar geralmente estão ligados à comunicação e ao intelecto.

A lição que todos os librianos devem aprender é que existe uma importante razão pela qual sua capacidade de discernimento não é tão refinada, elegante e precisa quanto eles gostariam que fosse. Se eles vieram a este mundo sob o signo de Libra, é porque querem aprender a desenvolver esse discernimento e desejam se tornar os melhores competidores pelas coisas boas da vida. Os librianos detestam tudo que julgam não estar à altura de seus padrões e querem estar rodeados somente pelo que há de melhor. Talvez seja por isso que se caracterizam por uma mistura tão interessante de discernimento, refinamento e competitividade.

Com muita frequência, os librianos se deixam convencer a deixar de lado seu discernimento e a duvidar de sua intuição. A balança que simboliza o signo de Libra é um equipamento inanimado cuja função é indicar os pesos ou valores relativos de todas as coisas quando chega a uma posição de repouso, resolução e harmonia. Uma balança que nunca chega a uma posição de repouso não vale quase nada. Os librianos têm uma afinidade natural com o lado invisível e intuitivo da vida. Com a percepção extraordinariamente aguçada que os caracteriza, não há realização humana que esteja fora do seu alcance.

Como reconhecer um libriano

As pessoas que manifestam as características físicas próprias do signo de Libra têm uma bela estrutura óssea e traços equilibrados, um sorriso charmoso, constituição elegante e atlética e voz límpida e harmoniosa. Os librianos muitas vezes têm atraentes covinhas nas bochechas. Têm também o hábito de toda manhã dedicar um tempo para decidir que roupa usar, e sabem se vestir com cores suaves e sutis.

O comportamento e os traços de personalidade típicos de Libra

- tem dificuldade para tomar decisões
- gosta de belas músicas e obras de arte
- sabe conversar
- se interessa pelo sexo oposto
- sabe ser romântico
- é divertido e sorri bastante
- é muito idealista
- pode mudar de ideia muitas vezes
- pode gastar muito dinheiro com artigos de luxo
- tem bom instinto para os negócios
- tem boas maneiras
- se interessa por assuntos jurídicos

O que motiva o libriano?

Os librianos são movidos pelo desejo de encher de beleza e harmonia o próprio círculo onde vivem e também o mundo ao redor. Têm um gosto refinado e chegam a sentir aversão por coisas feias, desagradáveis ou barulhentas. Há quem interprete essa atitude como sinal de esnobismo, mas isso é um erro. Para muitos librianos, a vulgaridade é uma afronta.

Em razão de sua falta de disposição para discutir, o libriano pode dar a impressão de ser uma pessoa fraca. Porém, em determinadas circunstâncias, ele é capaz de se defender apesar do desagrado que as discussões lhe causam.

A personalidade libriana em sua expressão positiva

Os librianos que usam seu talento para mediar disputas em sua vida cotidiana estão pondo em ação seu tino natural para a harmonia e conseguem fazer isso sem parecer intrometidos ou abelhudos. Eles têm um desejo sincero de que todos os relacionamentos sejam marcados pela paz e pela equidade; quando estão felizes, esses atributos se manifestam facilmente por meio de suas ações.

Pelo lado positivo

Os librianos que manifestam as características positivas associadas a seu signo também tendem a ser:

- cooperativos e dignos de confiança
- excelentes companheiros
- refinados e artísticos
- idealistas e românticos
- bons negociadores
- justos
- acreditam fortemente em boas causas
- bons planejadores
- encantadores e sinceros

A personalidade libriana em sua expressão negativa

Um libriano infeliz ou frustrado pode ser uma pessoa de difícil convivência, provocando brigas de propósito. Quando o libriano sente que não tem poder, pode se entregar à autocomiseração. Além disso, quando não recebe atenção suficiente, o resultado mais provável será uma queda da confiança e da autoestima. O libriano precisa brilhar aos olhos de outra pessoa. Quando isso não acontece, ele não consegue desenvolver todo o seu potencial.

Traços negativos

Os librianos que manifestam as características negativas associadas a seu signo também tendem a ser:

- medrosos
- preguiçosos e indecisos
- manipuladores
- sabichões
- levianos no amor
- narcisistas
- ciumentos
- deprimidos

Peça a um libriano

Peça a um libriano que o ajude a ver os dois lados de uma situação problemática ou difícil. Os librianos são famosos por conseguirem avaliar qualquer situação e pesar seus prós e contras. O libriano não se contenta em avaliar as opções disponíveis; realmente acredita que toda história tem dois lados. Mesmo que tenha preferência por um ou por outro, será justo na hora de fazer sua avaliação.

A amizade com os librianos

Os librianos são amorosos e tendem a não constranger os amigos por meio de arroubos emocionais. São sinceros e honestos e tratam os amigos com justiça. Precisam manter um equilíbrio entre o trabalho e a diversão e entre seus pensamentos e suas emoções, pois é isso que os deixa felizes. Os amigos nunca devem se esquecer de que a pior coisa para o libriano é ser deixado sozinho durante muito tempo. Quando isso acontece, ele tende a ficar deprimido e irritadiço e a perder um pouco da autoestima. Os amigos também devem se lembrar de que os librianos acham difícil pedir ajuda quando se sentem infelizes.

Às vezes, os librianos parecem ter dificuldade para tomar decisões, mas isso ocorre porque primeiro têm de levar em conta todos os lados de cada questão. Acontece ocasionalmente de os amigos perderem a paciência com o libriano por causa de sua indecisão.

Os librianos estão sempre em busca da perfeição e precisam ter beleza e equilíbrio ao seu redor. A coisa mais importante para os nascidos sob o signo de Libra é a noção de harmonia.

Em busca do amor

Os librianos precisam de um companheiro, e muitas vezes têm dificuldade de ser eficientes quando estão sozinhos. Não que sejam carentes ou dependentes; na verdade, precisam de uma pessoa para discutir uma questão a fim de descobrir o que eles próprios pensam sobre o assunto. Quando encontram essa pessoa, procuram tornar permanente o relacionamento. Isso muitas vezes os leva a entrar em relacionamentos que os outros têm dificuldade para compreender. Também os leva a fazer questão de estar à altura do relacionamento. Os librianos amam o amor.

Além disso, precisam de uma boa comunicação com os outros. São socialites do zodíaco, de fala mansa e sempre dispostos a elogiar e consolar seu companheiro e a fazê-lo sentir-se à vontade. Isso não significa, porém, que gostem de elogios insinceros. São extremamente inteligentes e capazes de perceber se alguém está sendo sincero ou se está apenas procurando agradar. Os librianos querem harmonia acima de tudo, mas não se contentam com a mera aparência de harmonia. Levam muitíssimo em consideração as necessidades do companheiro e sempre tentam ver as coisas do ponto de vista deste.

Embora não seja intelectualmente esnobe, o libriano procura uma pessoa que seja cheia de ideias e opiniões e com quem possa ter discussões acaloradas. Há momentos em que nem o romantismo nem a atração são suficientes – Libra precisa ser seduzido por palavras.

Para encontrar aquela pessoa especial

Por serem extremamente sociáveis, os librianos não têm dificuldade para conhecer pessoas interessantes. Em razão do seu talento para a conversação, são pessoas fascinantes para se convidar para jantares e festas; e, por terem tantos amigos, não é incomum que sejam estes os responsáveis por apresentá-los à pessoa por quem vão se apaixonar.

O primeiro encontro

O primeiro encontro com um libriano geralmente envolve algum evento de primeira classe para o qual ele precise estar bem-vestido.

A maioria dos librianos adora as artes e também gosta de festas. Assim, o primeiro encontro ideal seria qualquer ocasião em que pessoas interessantes se reúnam – uma vernissage, por exemplo. Os librianos gostam de boa comida, mas também cuidam do peso, de modo que os salgadinhos e o vinho servidos num evento desse tipo talvez sejam suficientes para eles. Depois, no entanto, talvez queiram tomar um café num lugar da moda para discutir os acontecimentos da noite. Para o libriano, a conversa muitas vezes é a melhor parte do encontro.

O libriano e o amor

Quando encontra a pessoa dos seus sonhos, o libriano se enche de amor pelo mundo inteiro. Tende a amar o amor em si e está sempre disposto a compartilhar toda a sua vida, com seus altos e baixos, com o companheiro. O ideal libriano é uma vida repleta do brilho suave, pacífico e cor-de-rosa do romance. Libra faz de tudo para não ferir o ser amado e pode desenvolver uma forte dependência emocional em relação ao companheiro.

Amor eterno

O libriano é capaz de perdoar muitas falhas do ser amado, e este é capaz de iluminar seus estados depressivos com um gesto de amor genuíno. Por outro lado, o libriano chega a discutir e a se comportar mal quando sente que foi injustiçado.

Os librianos não são tão difíceis de contentar quanto parece. Por serem eminentemente razoáveis, é fácil conversar com eles sobre problemas de relacionamento sem que fiquem bravos ou magoados. Estão sempre dispostos a fazer sua parte para que o relacionamento não só seja bom como também melhore.

Expectativas no amor

O signo de Libra é um dos mais positivos para relacionamentos, tanto relacionamentos amorosos quanto sociedades e parcerias de qualquer tipo. O libriano que está num relacionamento precisa ser apoiado, cuidado, admirado e até exaltado.

Ao iniciar um relacionamento, o libriano precisa ter certeza de que realmente gosta da pessoa antes que o relacionamento chegue ao nível físico. Quando finalmente encontrar tal pessoa, o libriano saberá que viverá momentos maravilhosos ao lado de alguém que ele ama e em quem confia. A fidelidade e a lealdade são essenciais para os nativos de Libra.

O libriano também precisa de um companheiro que tenha, sob alguns aspectos, uma vida própria e interesses próprios, pois também ele precisa de liberdade para se dedicar a suas tarefas.

O que o libriano procura

Embora os librianos tenham a reputação de se sentir atraídos somente por pessoas bonitas, a verdade é que buscam muito mais do que isso. Apreciam indivíduos inteligentes e que tenham uma índole pacífica e agradável. Acima de tudo, são fascinados por quem seja capaz de manter uma conversa bem animada. Embora sejam mais felizes quando encontram alguém que reúna todos esses atributos, para o libriano a inteligência sempre prevalecerá sobre a aparência.

Se o libriano soubesse...

Se o libriano soubesse que todos os seus problemas de relacionamento surgem quando um dos parceiros, ou ambos, não cumprem suas obrigações com honestidade e generosidade... É possível que ele tenha aprendido com outras pessoas, a quem admirava e respeitava, que as divergências e o desapontamento eram normais nos relacionamentos. Os librianos acreditam profundamente no poder da comunicação. Sentem que todas as questões, boas e más, podem ser trabalhadas e resolvidas se os parceiros estiverem sempre dispostos a conversar.

Casamento

A pessoa que se casa com um libriano pode esperar um matrimônio feliz e bem-sucedido. De todos os signos do zodíaco, Libra é o que rege os relacionamentos, sociedades e parcerias, e os librianos típicos são incapazes de imaginar a vida sem um relacionamento. O libriano faz de tudo, de forma moderada, para que, no relacionamento, haja um equilíbrio harmonioso entre duas personalidades, mas vai precisar de muito encorajamento para isso.

A pessoa que pensa em se casar com um libriano típico precisa saber que o libriano entra num relacionamento para escapar da solidão que está sempre presente no seu coração.

O libriano, por sua vez, quer um companheiro que tenha bons contatos sociais ou profissionais. O nativo de Libra tem talento e energia de sobra e deseja alcançar o sucesso no casamento, na vida profissional e na vida social.

No relacionamento a dois, Libra geralmente assume a responsabilidade pelo planejamento financeiro, garantindo que o saldo bancário esteja sempre no azul.

O signo oposto a Libra

O signo oposto a Libra é Áries. Embora os relacionamentos entre esses dois signos possam ser difíceis, os dois também podem complementar um ao outro. Com Áries, Libra pode aprender a tomar a iniciativa e defender seus pontos de vista. O libriano pode ainda aprender com o ariano a ser autossuficiente e a consolidar sua identidade pessoal, sem precisar de um parceiro para saber quem ele mesmo é. Libra, que é o signo das parcerias, poderá assim gozar de uma identidade própria dentro do relacionamento.

Compatibilidades

No geral, quando as duas pessoas manifestam as características típicas do seu signo, os relacionamentos íntimos entre um libriano e outro indivíduo podem ser descritos da seguinte maneira:

Libra com Libra: Harmonioso: um verdadeiro encontro de duas mentes, dois espíritos, dois corações

Libra com Escorpião: Harmonioso, desde que Escorpião saiba tratar Libra com sensibilidade

Libra com Sagitário: Harmonioso, pois os dois não são apenas amantes, mas também melhores amigos

Libra com Capricórnio: Difícil, pois ambos os signos são teimosos

Libra com Aquário: Harmonioso; verdadeiras almas gêmeas, nascidas para ficar juntas para sempre

Libra com Peixes: Turbulento, a menos que Peixes aprenda a não depender de Libra

Libra com Áries: Difícil, mas os dois têm muito a aprender um com o outro

Libra com Touro: Turbulento, com muitas discussões e muita paixão

Libra com Gêmeos:	Harmonioso – uma união de amor cheia de alegria e fascinação
Libra com Câncer:	Difícil, mas pode ser enriquecido quando ambos compartilham os mesmos valores
Libra com Leão:	Harmonioso, pois ambos são igualmente românticos
Libra com Virgem:	Harmonioso, desde que os assuntos financeiros sejam tratados com muito cuidado

Quando as coisas não dão certo

Por acalentarem a ideia de ficar com uma pessoa pela vida inteira, os librianos não gostam de terminar um relacionamento. Não sofrem somente o sentimento de decepção pelo sonho que se foi, mas também pela perspectiva de ficarem sozinhos. Os librianos não se sentem felizes quando estão sós, de modo que precisam tomar muita coragem para pôr fim a um relacionamento. Felizmente, a maioria deles tem bom senso e confiança suficientes para preferir viver sozinhos a continuar num relacionamento que já não é benéfico para eles.

Libra no trabalho

Os librianos se esforçam muito apara alcançar seu objetivo de resolver os conflitos, quer mediante concessões e diplomacia, quer pelo combate quando necessário. Em praticamente todos os assuntos, estão sempre tentando equilibrar os pratos da balança da justiça, e isso pode ser extremamente cansativo, não somente para eles como também para os que os rodeiam. Seu desejo de tomar a decisão correta pode às vezes impedi-los de agir decisivamente até que seja tarde demais. O libriano pode ser mandão, mas usa o charme e a razão para convencer as pessoas do valor de seu ponto de vista sobre qualquer questão. Os librianos têm facilidade para se associar a outras pessoas e trabalhar com elas. No trabalho, são excelentes gerentes, conselheiros e colaboradores.

Muita gente se engana acerca da personalidade amistosa do libriano e o considera reticente ou mesmo fraco, mas isso não é verdade. Qualquer um que já tenha se oposto a um libriano num conflito de poder sabe que ele não somente é determinado como também é um verdadeiro especialista na arte de defender um ponto de vista por meio de argumentos. Os librianos não gostam de ser manipulados e tampouco são dados a manipular os outros. Conseguem, porém, desmontar, de modo espirituoso e com todo o charme, os argumentos de seus adversários. No geral, se dão muito bem com todos.

Profissões típicas

Os librianos tendem a se envolver com diversos aspectos do direito, da política ou da diplomacia. Seu jeito para o *design* pode levá-los para áreas como a moda, a decoração de interiores, o comércio de arte e as artes gráficas. Naturalmente criativos e artísticos, alguns são excelentes artistas, compositores e músicos. Outros são bem-sucedidos como críticos, escritores ou agentes nos diversos segmentos do setor do entretenimento. Também gostam de atividades que envolvam discursos e apresentações, como todas as espécies de promoção de eventos e produtos. Muitos librianos são bons para planejar investimentos no setor produtivo. As finanças são outra área de especialidade dos librianos, que no geral são confiáveis para lidar com o dinheiro de terceiros.

Comportamento e capacidades no trabalho

No trabalho, o libriano típico:

- é um grande banco de ideias
- sabe ceder e fazer concessões
- gosta de preparar contratos
- constrói uma boa rede de contatos
- gosta de fazer as coisas devagar, mas bem-feitas
- procura meios de promover a própria carreira

O libriano como empregador

O típico chefe libriano:

- não gosta de ser pressionado
- é um analista extremamente arguto
- leva em consideração a opinião de todos
- dá a entender que é um especialista em sua área
- é capaz de defender os dois lados de uma mesma controvérsia
- gosta de asseio e organização
- tem tino financeiro

O libriano como empregado

O típico funcionário libriano:

- faz boas apresentações
- tem boas maneiras
- é um mediador eficaz
- às vezes fica mal-humorado
- espera ser tratado e trata os outros com justiça
- veste a camisa da empresa

- precisa de férias longas
- se veste bem e apropriadamente

O libriano como colega de trabalho

Às vezes, com medo da discórdia, os librianos são paralisados pela indecisão. Eles têm facilidade para reconhecer o valor da opinião alheia, mas, se não têm opinião própria, também não assumem posição. Quando perdem a confiança nos próprios pontos de vista e procuram conciliá-los com as ideias de terceiros, podem se tornar confusos, vulneráveis e agressivos.

Detalhes, detalhes

No que se refere aos detalhes do cotidiano, os librianos conseguem lidar com eles com facilidade, mas isso não significa que o fazem. Às vezes ignoram os detalhes, especialmente quando estes envolvem sofrimento e não podem ser resolvidos satisfatoriamente.

Os librianos sentem que precisam cumprir seu lado dos acordos, normas e regulamentos. Têm de encontrar um jeito de trabalhar com os outros sem que sintam que precisam calar sua própria voz. Visto que isso nem sempre é fácil, podem ficar frustrados e provocar discussões desnecessárias. Do mesmo modo, quando o libriano trabalha pressionado pelo tempo ou pelas limitações do orçamento, ele pode ficar desgastado e seus instintos criativos podem ser sufocados.

Continuamente em busca do equilíbrio, os librianos procuram ver os dois lados de todas as questões, mesmo quando esse esforço é fútil desde o início. Às vezes assumem um ponto de vista oposto só para poder discutir. Esse é o meio de que dispõem para se familiarizar com os detalhes possíveis de um projeto ou empreendimento. Porém, ao mesmo tempo que é importante para o libriano ter ciência dessas informações, ele geralmente trabalha muito melhor quando é o "homem das ideias" e delega a outras pessoas o trabalho com os detalhes.

Dinheiro

Se existe uma área da vida em que o libriano é pouco comunicativo, essa área é o dinheiro. Geralmente trata seus assuntos financeiros com discrição e prefere mantê-los em segredo. Tampouco gosta de dizer às pessoas quanto gastou num determinado objeto, pois isso lhe cheira a ostentação.

Os librianos sabem ser práticos com dinheiro, mas isso não significa que sempre o sejam. Têm um gosto extravagante e às vezes acham difícil ficar dentro do orçamento. A necessidade de satisfação imediata pode ser um problema para eles, visto que, quando veem uma coisa bonita, querem ser donos dela.

A beleza é tão importante para os librianos quanto o dinheiro, de modo que se julgam ricos quando estão rodeados de coisas bonitas. Os melhores librianos medem seu sucesso pelos elementos de harmonia presentes em sua vida e não pela quantidade de dinheiro que têm no banco.

Em casa

Quando um indivíduo tem a personalidade característica dos nascidos sob o signo de Libra, seu lar é o lugar para onde ele se retira a fim de descansar, se recuperar e preparar-se para o próximo período de atividade intensa.

Para os librianos, o lar é o único lugar onde eles têm dificuldade para fazer concessões. Tudo ali tem de ser do seu jeito, especialmente no que se refere à aparência, ao projeto e à decoração da casa.

Comportamento e habilidades em casa

O libriano típico:

- tem bom gosto para a decoração
- oferece boa comida e bons vinhos às visitas
- mantém a casa limpa e arrumada
- passa um tempo simplesmente descansando em casa
- cria um ambiente saudável
- é um anfitrião elegantíssimo
- participa da decoração da casa

Interesses de lazer

O libriano quer ter uma casa luxuosa onde possa ficar sem fazer absolutamente nada. Nos períodos de repouso, a mente libriana não para: está sempre fazendo planos, e isso às vezes é suficiente para ela em matéria de atividade. O libriano gosta de roupas de cama sensuais e cores sofisticadas ao seu redor.

O libriano típico aprecia os seguintes passatempos

- ouvir música
- ler poesia
- aulas de dança
- ficar em ambientes românticos
- comprar roupas da moda
- culinária *gourmet*
- fazer decoração de interiores como *hobby*
- ir a festas

Do que o libriano gosta

- ganhar flores
- estar na companhia dos amigos
- trabalhar com um parceiro
- roupas caras e bem cortadas
- um debate estimulante
- planejar uma festa
- ter um(a) auxiliar
- cuidar dos mínimos detalhes
- ambientes bonitos
- esquemas de cores suaves
- ser admirado

Do que o libriano não gosta

- injustiça
- desarmonia
- desleixo
- discussões em público
- roupas feias
- ter de tomar decisões importantes
- ficar sozinho
- falta de educação
- levar o lixo para fora
- vulgaridade

O lado secreto de Libra

Dentro de todo libriano há uma pessoa que tem terror de ficar sozinha. Esse medo é, em geral, bem controlado, de modo que o libriano típico parece calmo, tranquilo e senhor de si em qualquer situação.

Amorosos e de boa índole, os librianos também podem ser petulantes e até desagradáveis quando têm de obedecer ordens. Do mesmo modo, são extremamente inteligentes, mas, às vezes, são ingênuos; gostam de falar com as pessoas, mas também sabem ser ouvintes atentos. Embora acreditem na igualdade, às vezes desejam ser subservientes a seus parceiros.

Vênus

Vênus é o planeta do amor romântico, da beleza e das artes a ela associadas. O sociável Vênus também rege as festas e os encontros agradáveis. Para alcançar seus objetivos, ele atrai somente aquilo que quer e rejeita o restante, e por isso o bom gosto e os valores são dois talentos especiais seus. A diplomacia, o tato e a gentileza são regidas por Vênus.

O amor e a beleza de Vênus têm o poder de nos unir e nos curar, e é difícil imaginar uma combinação mais desejável e mais poderosa do que essa. Vênus também rege os sentidos do tato, do paladar e do olfato – em tudo, a harmonia deve preceder a utilidade.

Como criar um libriano

A maioria das crianças librianas aprende rapidamente a argumentar sobre qualquer coisa com total convicção. Desde muito cedo precisam de instruções claras e de que lhes digam, com suavidade e firmeza, o que fazer e quando fazê-lo. O pequeno libriano usa essa capacidade natural para dizer a seus pais quais são suas necessidades e vontades. Os pais, por sua vez, precisam encarar essa tendência com otimismo e devem proporcionar muitas informações sólidas e confiáveis a seu filho libriano. Este absorve com facilidade as informações que constam em livros. Toda vez que dá a impressão de relutar em fazer algo, o jovem libriano está, na verdade, pensando profundamente no assunto em questão.

Embora os jovens librianos sejam capazes de se dedicar sozinhos às coisas que lhes interessam, também precisam de companhia. É na companhia dos outros que aprendem quem eles mesmos são. Não convém jamais repreender em demasia as crianças librianas, especialmente na frente dos outros, pois isso as deixa envergonhadas e constrangidas. Pode também lhes transmitir a ideia de que devem ocultar seus fracassos dos pais e de outras figuras de autoridade.

Um ambiente harmonioso e um tratamento justo são essenciais para o desenvolvimento da criança libriana. Para ela, a privacidade é sagrada. Do mesmo modo, ela respeita a privacidade alheia e sabe guardar segredos. O afeto é crucial.

A criança libriana

A *típica criança libriana:*

- detesta ter de decidir entre duas coisas
- não gosta de ser apressada
- tem temperamento naturalmente dócil
- sempre parece madura para sua idade
- gosta de ser justa e de ser tratada com justiça
- é capaz de vencer, com seus encantos, os amigos e os pais
- obedece às regras quando elas têm sentido
- adora tomar banho de espuma na banheira
- gosta de doces e sobremesas
- partilha seus brinquedos com as outras crianças
- é, em geral, limpa e asseada
- tem bom coração

O libriano como pai ou mãe

O típico pai ou mãe libriano:

* tenta ser justo e equitativo
* pode mimar os filhos
* demonstra muito afeto
* dá aos filhos a melhor educação possível
* provavelmente será a figura dominante na família
* estimula as atividades artísticas
* gosta de ver as crianças limpas e bem-vestidas
* dá ênfase às boas maneiras e ao bom comportamento
* estimula a imaginação e a fantasia dos filhos

Saúde

Os librianos esperam levar uma vida confortável e podem ficar deprimidos quando surgem dificuldades. O esforço mental de resolver os problemas pode lhes deixar com dor de cabeça. Quando os librianos estão tristes, tendem a comer demais. São mais felizes e mais saudáveis quando se dedicam a um trabalho que lhes dê compensações. Além disso, podem ter de fazer um esforço tremendo para conseguir se exercitar regularmente. Têm, em geral, uma constituição forte, mas os rins e a bexiga podem trazer-lhes problemas na segunda metade da vida, pois eles gostam muito de comer bem e tomar vinho.

O signo de Libra rege as glândulas suprarrenais, os rins, a pele e os nervos da região lombar. Os librianos podem ser acometidos por distúrbios dos rins e da bexiga ou por doenças de pele, como o eczema.

LIBRIANOS FAMOSOS

Julie Andrews
Fernanda Montenegro
Truman Capote
Catherine Deneuve
Michael Douglas
F. Scott Fitzgerald
Cléo Pires
Glória Perez
Garrincha
Gal Costa
Ralph Lauren
John Lennon
Claudia Abreu
Denis Carvalho
Tiago Abravanel
Gwyneth Paltrow
Luciano Pavarotti
Christopher Reeve
Anne Rice
José Mayer
Susan Sarandon
Bárbara Paz
Sting
Usher
Catherine Zeta-Jones

"Os homens devem buscar seu conhecimento no Sol, na Lua e nas estrelas."

– RALPH WALDO EMERSON

ESCORPIÃO
23 de outubro – 21 de novembro

ESCORPIÃO

23 de outubro – 21 de novembro

Planeta: Plutão
Elemento: Água
Qualidade: Fixo
Dia: terça-feira
Estação: outono
Cores: preto, vermelho vivo, bordô
Plantas: gardênia, rododendro, anêmona
Perfume: angélica
Pedras: ágata, ônix, rubi, obsidiana
Metal: plutônio
Qualidades pessoais: impetuoso, obsessivo, leal, determinado e apaixonado

Palavras-chave

Os termos a seguir são chamados "palavras-chave" porque podem ajudar você a decifrar o sentido essencial do signo astrológico de Escorpião. Cada palavra-chave representa questões e ideias de suma importância e destaque na vida das pessoas nascidas tendo Escorpião como signo solar. Você vai constatar que, em geral, cada escorpiano incorpora pelo menos uma destas palavras-chave em seu modo de viver:

investigação – testamentos e impostos – segredos – profundidade – intuição – experiência sexual – mistérios – bom detetive – transformação – jogos de poder – transcender – ressuscitar – legado – regenerar – absoluto – consciência – labirinto – controle – obsessão – juiz – purificar – morte e transfiguração – pistas – precisão – investigação – lista de inimigos – subterfúgio – túnel subterrâneo – reciclagem – troca – psicologia – reencarnação

O sentido simbólico de Escorpião

Escorpião é o grande detetive do zodíaco. Se há algo ou alguém sobre quem ele quer obter informações, nada nem ninguém poderá impedi-lo de descobrir a verdade oculta. É como se o escorpiano se sentisse compelido a conhecer todos os segredos a fim de estar preparado para o caso de ter de usá-los, provando quanto é poderoso.

No que se refere a seus próprios segredos, os escorpianos são igualmente capazes de escondê-los de terceiros. Dessa maneira, impedem que os outros tenham poder sobre eles. É pelo mesmo motivo que raramente dão informações. O poder, em todas as suas formas, é uma das principais questões com a quais os escorpianos têm de lidar. Para o escorpiano, a maioria dos aspectos da vida – o dinheiro, o sexo, a autoridade e o conhecimento, por exemplo – está imbuída de questões de poder; a maioria dos escorpianos são pessoas poderosas e sabem disso. No entanto, quando um escorpiano duvida do próprio poder, fará de tudo para recuperá-lo, e é claro que isso pode colocá-lo em situações complicadas.

A maioria dos escorpianos são tão destemidos quanto seu símbolo mais famoso, o escorpião. Como o escorpião, porém, eles podem ficar tão concentrados em picar alguém que podem acabar picando a si mesmos. Sua impetuosidade é tamanha que as outras pessoas não acreditam que eles realmente queiram dizer o que estão dizendo. A intensidade de sua paixão faz com que muitos escorpianos sejam mal interpretados. O outro símbolo desse signo é a fênix, que ressuscita em triunfo das próprias cinzas. Esse arquétipo simboliza o radicalismo pelo qual este signo tantas vezes se sente atraído.

Escorpião é um dos quatro signos Fixos da astrologia (os outros três são Touro, Aquário e Leão). Os signos Fixos são associados à estabilidade e à determinação. A concentração, o foco, a consolidação e a perseverança são as marcas registradas dos signos solares Fixos. Escorpião é o signo Fixo do elemento Água, sendo um dos três signos de Água do zodíaco (os outros dois são Peixes e Câncer). A Água é o elemento que faz do escorpiano uma pessoa emocional, sensível e especialista em ocultar os próprios sentimentos. No caso do signo de Escorpião, águas superficialmente calmas correm caudalosas nas profundezas.

A lição que os escorpianos têm de aprender é que existe uma importante razão pela qual sua vida não lhes proporciona tantas experiências emocionantes quanto eles gostariam. Eles nasceram neste mundo com o signo solar de Escorpião porque querem aprender a desenvolver sua capacidade de fazer com que sua vontade poderosa tenha efeito sobre o mundo. O signo do Escorpião rege a magia, e o escorpiano quer operar grandes mudanças em sua vida – transformações que, ao olhar das outras pessoas, parecem quase mágicas.

Como reconhecer um escorpiano

As pessoas que manifestam as características físicas próprias do signo de Escorpião têm traços fortes, aparência atraente, cabelos cheios, sobrancelhas grossas e olhos de uma intensidade quase hipnótica. O escorpiano tem a tendência de olhar para baixo e, mesmo em repouso, sua expressão permanece intensa. Quando olha diretamente para uma pessoa, faz com que o objeto de seu olhar se sinta devassado. Mesmo quando o escorpiano é magro, é possível que tenha a cintura relativamente larga.

O comportamento e os traços de personalidade típicos de Escorpião

- é leal à família e ao lar
- é intensamente leal aos amigos
- aferra-se apaixonadamente a suas crenças
- não se esquece, não perdoa
- quer vencer a qualquer custo
- só se abre para a paquera quando está realmente interessado
- tem padrões muito elevados
- pode ser um santo ou um grande pecador
- tem de manter a dignidade
- é sempre uma força a ser levada em consideração
- é extremamente corajoso em situações de adversidade
- dá conselhos dolorosamente sinceros
- promove seus interesses com grande zelo
- pode ser extremamente discreto
- trabalha nos bastidores

O que motiva o escorpiano?

Os escorpianos são grandes estudiosos de psicologia e sempre querem saber o que leva as pessoas a agir como agem. Não estranham as compulsões e comportamentos incomuns; pelo contrário, essas coisas atiçam sua curiosidade. Os escorpianos menos evoluídos tendem a usar seu conhecimento das motivações humanas para manipular as pessoas de modo impiedoso, usando de astúcia para alcançar objetivos puramente egoístas. Embora os escorpianos estejam sempre tentando descobrir os segredos dos outros, protegem sua privacidade com uma veemência quase maníaca.

A personalidade escorpiana em sua expressão positiva

É da natureza do escorpiano levar uma tarefa ou empreendimento até o fim, sem medir esforços nem custos pessoais. Essa é a melhor coisa que o escorpiano pode fazer para cumprir seu destino. Este signo solar vive de extremos; o escorpiano geralmente leva muito a sério o seu desejo de discrição, de modo que é cordial, mas cauteloso, em seus relacionamentos.

Pelo lado positivo

Os escorpianos que manifestam as características positivas associadas a seu signo também tendem a ser:

- protetores dos entes queridos
- magnéticos e dinâmicos
- compassivos e emotivos
- tenazes e inquisitivos

- cuidam de sua segurança
- apaixonados
- capazes de concentração intensa
- sensuais
- intuitivos

A personalidade escorpiana em sua expressão negativa

Um escorpiano frustrado pode tornar-se uma pessoa difícil e irritada. Em geral, isso resulta da sensação de não ter poder ou do sentimento de que sua vida não está progredindo da maneira como ele esperava. Uma vez que o escorpiano infeliz pode ter uma imensa dificuldade para admitir que tais coisas estejam acontecendo por sua própria culpa, costuma culpar os outros por seus fracassos.

Traços negativos

Os escorpianos que manifestam as características negativas associadas a seu signo também tendem a ser:

- impiedosos e vingativos
- ciumentos e possessivos
- desconfiados
- autodestrutivos
- intolerantes e sarcásticos
- obstinados
- cheios de segredos
- de humor instável
- agressivos

Peça a um escorpiano

Peça a um escorpiano que o ajude a investigar um mistério. Sua inteligência penetrante e sua capacidade de juntar pistas serão de tremendo auxílio. Os escorpianos também têm uma intuição fortíssima, que os ajuda a descobrir verdades de todo tipo – importantes ou insignificantes. São, ainda, grandes juízes do caráter das pessoas, de modo que é muito difícil enganá-los. Se o escorpiano tem um conselho a dar, é melhor ouvir o que ele tem a dizer. Os escorpianos não são fofoqueiros nem estão habituados a espalhar rumores ao vento, e são capazes de levar um segredo para o túmulo.

A amizade com os escorpianos

Quando os escorpianos concentram sua energia em controlar os amigos, acabam descobrindo que, no fim, eles próprios caem sob o controle de terceiros. No entanto, quando voltam seus esforços para o autocontrole, passam a exercer sobre os amigos e o mundo ao redor uma influência quase ilimitada. É como se, para ter controle sobre uma situação, precisassem controlar a si mesmos.

No geral, o escorpiano gosta de amigos que reconheçam sua personalidade magnética e intensa e apreciem o fato de ele ter um profundo carinho e envolvimento emocional com as pessoas a quem ama. O escorpiano tem poucos amigos e espera que estes sejam leais; conserva por muitos anos suas amizades íntimas.

Os escorpianos têm excelente memória e adoram contar piadas. São generosos e hospitaleiros com os amigos e também acolhem os desconhecidos que os procuram em busca de ajuda ou de conselhos.

Em busca do amor

Apesar de sua natureza apaixonada e da necessidade de se sentir no centro do mundo de alguém, os escorpianos não se apaixonam e desapaixonam com facilidade nem com muita frequência. Os indivíduos nascidos sob o signo do Escorpião são muito cautelosos ao escolher as pessoas com quem se envolvem romanticamente, pois almejam um relacionamento duradouro. É difícil tratarem com displicência qualquer relacionamento. Estabelecem padrões elevadíssimos e, embora não procurem a perfeição, exigem honestidade, paixão e compromisso de seus interesses amorosos.

Os escorpianos são famosos por sua sexualidade profunda, mas, por serem radicais, pode acontecer de um escorpiano passar longos períodos em celibato por razões que só a ele dizem respeito. Embora sejam mais felizes quando têm um relacionamento sexual satisfatório, os escorpianos preferem ficar sozinhos a se envolver numa série de aventuras de uma noite ou de relacionamentos curtos.

Quando o escorpiano enfim encontra o companheiro que procurava, investe nele rapidamente. Muitas vezes, as pessoas que o conhecem acham que ele avança depressa demais nos relacionamentos, mas isso faz parte da sua natureza. O escorpiano se sente mais feliz numa situação na qual se unem o poder, o controle e a paixão. Por isso, tende a se apaixonar por alguém cujo temperamento seja compatível com o seu. Isso permite um equilíbrio de poder dentro do relacionamento, de modo que o escorpiano não se sinta tentado a ser a única força de controle dentro da relação.

Para encontrar aquela pessoa especial

É surpreendente, mas nem sempre os escorpianos se esforçam para encontrar a alma gêmea. Embora isso pareça estranho, tem a ver com sua noção intuitiva de que o amor e a atração se baseiam no destino e que, se estiver escrito que vão encontrar sua "outra metade", eles a encontrarão de um jeito ou de outro. Para eles, esse encontro pode se dar numa biblioteca, livraria, planetário, quermesse ou igreja.

O primeiro encontro

Os escorpianos preferem ambientes silenciosos e íntimos, especialmente para coisas importantes – como é o caso de um primeiro encontro. No entanto, por não serem especialmente loquazes, podem preferir uma atmosfera relaxante que não exija deles que conversem o tempo todo. A melhor opção é rodeá-los de música num clube de jazz, show de rock, ópera ou mesmo um jantar acompanhado de música ao vivo. As emoções profundas do Escorpião são despertadas pela música de um jeito que as palavras não conseguem imitar. Escorpião é um signo de água, de modo que uma caminhada à noitinha pela praia ou um passeio junto ao lago na hora do pôr do sol pode deixá-los à vontade.

O escorpiano e o amor

Os escorpianos são profundamente apegados à pessoa amada. Podem ser possessivos e dominadores, mas também são extremamente fiéis quando estão apaixonados. Acreditam que a fidelidade é um dos elementos mais importantes de um relacionamento.

Os escorpianos aspiram a um nível de pureza que os nativos de outros signos solares têm dificuldade até para imaginar. Atraem a pessoa amada como um ímã e têm uma visão quase paranormal das motivações e segredos de seus pares. Quem não quer que seus segredos sejam conhecidos deve ficar longe de nativos do signo de Escorpião.

Amor eterno

O signo de Escorpião é famoso por ser o mais sensual de todos, mas não há nada de superficial ou de banal no modo como os escorpianos abordam o amor. Acreditam na sinceridade e na honestidade. No entanto, sua impetuosidade tem também um lado negativo, que às vezes pode torná-los obcecados por alguém. Para esse tipo de escorpiano, estar longe da pessoa amada não é somente desagradável; chega a ser doloroso. O escorpiano pode ter dificuldade para não ser exageradamente ciumento quando alguém tenta roubar o afeto da pessoa que ele ama.

Expectativas no amor

O escorpiano tem a expectativa de que seus relacionamentos sejam intensos e marcados por uma fidelidade absoluta. Embora sua vida amorosa possa parecer uma novela romântica, cheia de altos e baixos e reviravoltas, é disso mesmo que o escorpiano gosta. Ele manifesta seu amor e faz com que a pessoa amada se sinta especial. Espera lealdade total e, quando se sente seguro, pode ser um companheiro terno e apaixonado.

Os escorpianos muitas vezes têm um relacionamento sexual antes que qualquer outro tipo de relacionamento se desenvolva. Esse hábito perigoso geralmente resulta de um desejo de aprovação. Por darem tanto valor à intimidade emocional, eles às vezes querem se obrigar a crer que a intimidade física é suficiente.

Os escorpianos geralmente guardam para si seus pensamentos e sentimentos, os quais são profundos demais para serem expressos em palavras. No entanto, também não hesitam em fazer o comentário perfeito num momento estratégico, especialmente se isso servir para esvaziar o ego inchado de alguém. Devem evitar a tendência de testar a pessoa amada para saber como ela reagiria numa circunstância radicalmente hipotética. Isso pode impedi-los de ouvir conselhos que os ajudariam a se tornar ainda mais poderosos.

O que o escorpiano procura

A seriedade e a sabedoria são características que atraem os escorpianos. Eles gostam das pessoas que têm apelo sexual, mas seu gosto nem sempre reflete as imagens estereotipadas de boa aparência e sensualidade. Um senso de humor inusitado e um jeito todo especial de ver a vida os fascinam. Pode acontecer de o escorpiano se sentir atraído por alguém que ele tem a impressão de ter conhecido e amado numa vida anterior.

Se o escorpiano soubesse...

Se o escorpiano soubesse que não costuma ser julgado de modo tão rigoroso quanto costuma julgar os outros, ficaria mais tranquilo e não faria questão de ter sucesso em absolutamente todos os seus empreendimentos. O escorpiano se esforça para impressionar as outras pessoas, mas a pessoa a quem mais quer impressionar é ele próprio. Isso se agrava porque ele sente que está sendo avaliado e que talvez não seja capaz de se pôr à altura dos padrões que ele próprio e os outros lhe impõem. Os escorpianos deveriam saber que não é pecado tirar um dia de folga, de vez em quando, para descansar e encontrar as pessoas queridas.

Casamento

O escorpiano é leal a seu companheiro e faz tudo por ele, mas a pessoa que se casa com um escorpiano típico tem de saber que ele espera dominar a relação. O escorpiano tem de sentir orgulho de seu companheiro e das habilidades deste, e faz de tudo para que o companheiro também realize seus desejos. A astúcia escorpiana é um ingrediente importantíssimo em qualquer relacionamento.

O escorpiano que aceita as ordens de seu companheiro o faz sempre por um motivo específico. Se puder ganhar dinheiro ou fazer algum outro tipo de progresso no futuro, por exemplo, o escorpiano se submete. É capaz de esperar quanto for preciso para alcançar os resultados que pretende. De maneira geral, é pouquíssimo provável que o escorpiano e seu companheiro tenham um casamento sem altos e baixos radicais e intensos.

O signo oposto a Escorpião

Touro é o signo oposto a Escorpião e, embora os dois partilhem as virtudes da lealdade, da determinação e da paixão, são muito diferentes sob todos os outros aspectos. Touro, com seu sólido bom senso, consegue trazer Escorpião de volta à terra; embora sinta atração pelo charme misterioso de Escorpião, não se deixa dominar por ele. Escorpião é capaz de despertar o potencial espiritual da natureza terrosa de Touro, ao passo que este o ensina a ser paciente e sociável.

Compatibilidades

No geral, quando as duas pessoas manifestam as características típicas do seu signo, os relacionamentos íntimos entre um escorpiano e outro indivíduo podem ser descritos da seguinte maneira:

Escorpião com Escorpião: Harmonioso: duas almas unidas pela paixão e pela honra

Escorpião com Sagitário: Harmonioso; o espírito divertido de Sagitário é um fator positivo

Escorpião com Capricórnio:	Harmonioso, se Escorpião souber acender o fogo de Capricórnio
Escorpião com Aquário:	Difícil, mas brilhante quando dá certo
Escorpião com Peixes:	Harmonioso; uma das combinações em que o amor é mais intenso e apaixonado
Escorpião com Áries:	Turbulento; uma das combinações mais impossíveis, a menos que o amor dê um jeito de o relacionamento dar certo
Escorpião com Touro:	Difícil, mas Touro pode trazer Escorpião de volta à terra
Escorpião com Gêmeos:	Turbulento, pois o espírito livre de Gêmeos não se deixa controlar
Escorpião com Câncer:	Harmonioso – um romance de grande intensidade
Escorpião com Leão:	Difícil, mas excitante para os amantes
Escorpião com Virgem:	Harmonioso, desde que Escorpião não procure controlar Virgem
Escorpião com Libra:	Harmonioso graças à amabilidade e ao equilíbrio de Libra

Quando as coisas não dão certo

Sabe-se que, quando um relacionamento termina, os escorpianos guardam ressentimento, ficam com raiva e chegam até a alimentar fantasias de vingança. O escorpiano pode ter imensa dificuldade para reconhecer sua parte de culpa pelo fracasso romântico ou matrimonial, e dificuldade maior ainda para deixar para trás os sentimentos ruins que assim se criam. No entanto, quando é espiritualmente evoluído, vai compreender que, se quiser seguir em frente rumo a coisas melhores, terá de perdoar a si mesmo e a seu parceiro por tudo o que deu errado no relacionamento.

Escorpião no trabalho

Às vezes, os escorpianos precisam ter um pouco de sangue-frio para garantir que recebam as recompensas a que têm direito. Podem ser impiedosamente competitivos em tudo o que se refere a promoções, aumentos de salário e projetos no trabalho. O escorpiano não deve confrontar ninguém abertamente, a menos que tenha certeza absoluta de que dispõe, em todos os níveis, dos recursos necessários para se contrapor às coisas que poderiam ser alegadas contra ele. Essas brigas pelo poder chegam a ficar bem intensas.

Às vezes é bom para o escorpiano renunciar aos confrontos e trabalhar como ele deseja nos bastidores. Em geral, o segredo e a discrição o beneficiam; mas ele não deve deixar que essas características minem seu poder de ação.

Os escorpianos não devem revelar todos os seus sonhos a qualquer pessoa e devem aprender a usar em seu próprio favor o dinheiro e os recursos de terceiros. Quando se esforçaram para ganhar a confiança das pessoas com quem trabalham, devem também pedir para assumir mais responsabilidades, inclusive a de lidar com o dinheiro alheio. Quando isso acontece, esse dinheiro deve ser tratado como algo sagrado.

Profissões típicas

Os escorpianos podem ser bem-sucedidos no setor bancário, na administração de ativos, no ramo de planejamento de patrimônio familiar, em reciclagem, como detetives, nas artes divinatórias (astrologia, tarô e outras), no ramo da magia e em assuntos relacionados ao sexo.

O trabalho policial, a espionagem, o direito, a física e a psicologia são outras profissões que atraem Escorpião.

Qualquer ocupação em que o escorpiano se sinta importante e que lhe dê a oportunidade de investigar e analisar problemas complexos o satisfará. Sua intensidade interior e concentração exterior podem permitir que ele seja cirurgião, patologista ou cientista. Qualquer profissão que envolva a pesquisa ou a solução de enigmas e mistérios atrai os escorpianos. Sua natureza discreta os habilita naturalmente a trabalhar como detetives. Também tendem a ter sucesso em qualquer profissão que envolva pesquisas detalhadas.

Podem ser farmacêuticos, profissionais de serviços funerários, agentes de seguros, analistas de mercado ou membros das forças armadas. Também podem tornar-se excelentes jornalistas, escritores e oradores. Eles têm sucesso porque sabem transmitir o poder de suas convicções. Sempre afeitos aos extremos, os escorpianos se saem bem trabalhando sozinhos ou na companhia de muitas pessoas numa grande organização.

Comportamento e capacidades no trabalho

No trabalho, o escorpiano típico:

* não para até completar a tarefa que tem em mãos
* parece confiante em todas as situações
* pode não conseguir trabalhar bem em grupo
* conhece a importância dos projetos
* capta os estados de espírito e os problemas ao seu redor
* é um excelente líder de equipe
* está disposto a fazer um esforço extra em tarefas difíceis
* é leal e produtivo

O escorpiano como empregador

O típico chefe escorpiano:

- exige total lealdade
- ajuda as pessoas de quem gosta
- sabe chegar ao que importa em cada questão
- não divulga suas motivações
- confronta as crises de maneira direta
- cumpre seu papel quando uma crise surge
- faz com que os funcionários se sintam membros de uma equipe
- pode ser impiedoso

O escorpiano como empregado

O típico funcionário escorpiano:

- é tenaz, mas calmo
- não perde tempo
- se concentra naquilo que quer realizar
- vai atrás do que quer
- não aceita o fracasso até esgotar todas as alternativas
- é intensamente focado na carreira
- se esforça mais quando necessário
- é leal e eficiente
- faz hora extra quando necessário

O escorpiano como colega de trabalho

A pessoa que trabalha ao lado de um escorpiano pode esperar dele um esforço intenso e uma lealdade inabalável, juntamente com uma grande competitividade e dedicação ao sucesso. A escrivaninha e o escritório do escorpiano são, em geral, limpos e arrumados, com equipamentos que os ajudam a cumprir melhor suas tarefas: livros de consulta, programas de computador e CDs motivacionais. Os escorpianos são analistas extremamente argutos. Conseguem trabalhar duro e muitas vezes criam ao redor de si uma atmosfera de calma e confiança.

Detalhes, detalhes

As pessoas nascidas sob o signo do Escorpião cumprem melhor as responsabilidades do dia a dia quando usam sua aguçada intuição como auxílio para lidar com os detalhes. Chegam ao ponto mais importante de todos os assuntos sem dar a menor atenção à diplomacia. Têm talento para resolver mistérios e conseguem identificar a origem de qualquer problema humano ou mecânico. Para desvendar as motivações e ações dos colegas de trabalho, gostam de juntar as "pistas" que descobrem ouvindo casualmente o que os outros dizem.

Os escorpianos são extremamente esforçados e raramente menosprezam uma tarefa. Embora não falem demais nem se envolvam em panelinhas, não se deve concluir que não sirvam para trabalhar em equipe. O escorpiano nunca é egocêntrico a ponto de sentir que, para que considere estar cumprindo um papel importante, sua contribuição a um projeto deve ser visível.

O olhar penetrante do Escorpião não perde de vista nenhum detalhe. Quer esteja lidando com números, planos ou anotações, ele examina o material a fim de ver como todos os fatos se encaixam. O escorpiano não se esquece de nada e, em geral, não perdoa.

Dinheiro

Os escorpianos podem ganhar prêmios ou participar de concursos nos quais sua capacidade de descobrir ou mesmo de simplesmente adivinhar segredos pode lhes beneficiar. Eles gostariam de ganhar dinheiro em áreas que tenham uma aura de magia, mística ou investigação. Também podem ganhar presentes na forma de bolsas, doações e heranças. Devem planejar sua construção de patrimônio ou criar uma fundação – nada dura para sempre, e é importante que os escorpianos planejem a transferência de seus recursos depois de saírem deste mundo.

Os escorpianos não devem alimentar dúvidas acerca de seu desejo de ganhar dinheiro. Uma atitude negativa em relação a pessoas ricas pode sabotar seus esforços para chegar ao sucesso. Por outro lado, devem cuidar para não tentar usar seu próprio dinheiro como meio para aumentar seu poder, pois, para eles, isso sempre tem efeitos negativos.

Em casa

Os escorpianos frequentemente têm dificuldade para relaxar. Muitos tentam se tranquilizar levando trabalho para casa, a fim de aliviar a intensa pressão que sentem para terminar tudo o que têm de fazer antes de se entregarem ao tão necessário descanso. A melhor ideia é terem um interesse alternativo ou um *hobby* ao qual possam se dedicar com paixão, desviando a atenção de seu trabalho principal.

Comportamento e habilidades em casa

O escorpiano típico:

- se expressa por meio de cores
- se preocupa com a segurança do lar
- é gentil com quem está doente
- tem espírito protetor
- resguarda sua privacidade

- gosta de iluminação suave e sutil
- gosta de andar pela casa só com a roupa de baixo

Interesses de lazer

Os escorpianos realizam até suas atividades de lazer com uma intensidade e uma profundidade de sentimento que os nativos de outros signos só dedicam à religião e à política. Não sabem o significado de "vencer ou perder não importa, o importante é competir". Gostam de fazer coisas que outras pessoas poderiam considerar arriscadas ou cansativas do ponto de vista emocional.

O escorpiano típico aprecia os seguintes passatempos:

- procurar objetos interessantes em sebos, brechós e antiquários
- ler livros policiais ou de investigação
- pesquisar sobre civilizações antigas
- estudar psicologia
- esportes de competição
- qualquer jogo que exija tática e estratégia

Do que o escorpiano gosta

- estar em casa
- sexo
- intimidade
- privacidade
- mistérios
- segredos
- dinheiro
- pessoas poderosas

Do que o escorpiano não gosta

* relacionamentos superficiais
* sentir-se exposto
* revelar demais de si
* pessoas que sabem mais do que ele
* elogios demais
* ter de confiar num desconhecido
* um mistério que ele não consegue resolver
* ambivalência
* trabalhos aviltantes

O lado secreto de Escorpião

O segredo é um dos aspectos mais importantes do signo de Escorpião. O escorpiano se protege tanto que seus segredos são dificílimos de descobrir. Todos os escorpianos gostam de manter sua verdadeira natureza tão oculta quanto possível. Sentem-se vulneráveis a questionamentos sobre seus pensamentos e seu comportamento e, por isso, podem preferir não se aproximar de outras pessoas nascidas sob esse mesmo signo, que tenham condições de penetrar sua armadura emocional. Escorpião exerce seu poder por meio da emoção, do intelecto e do instinto.

Plutão

Plutão é o planeta do poder e da transformação. Simboliza aquela parte das pessoas que quer obter e usar todos os tipos de poder. É o planeta dos extremos e assim, ao mesmo tempo que rege a capacidade das pessoas de fazer o bem, rege também os conflitos de poder, os gângsteres, os ditadores e todas as coisas horríveis que acontecem quando uma pessoa tenta se fazer poderosa à custa dos outros. Plutão está associado aos mistérios da vida, à magia, ao sexo e à maior de todas as transformações, a morte. Está também associado à ressurreição em todas as suas formas – quer se trate de reformar a casa, fazer cirurgia plástica ou trazer de volta à vida de uma pessoa algo que ela havia perdido há muito tempo. Representa a mente inconsciente, que, embora invisível, é poderosa o suficiente para produzir compulsões e obsessões que aparentemente estão além do controle do indivíduo. Como Plutão, o objetivo dessas coisas é ajudar as pessoas a tomar consciência do que precisa ser eliminado de suas vidas e ajudá-las a fazer exatamente isso.

Como criar um escorpiano

As crianças nascidas sob o signo de Escorpião são, em geral, ativas, inteligentes e rápidas para aprender. Têm uma curiosidade profunda e incansável, que precisa ser satisfeita. Devem ser levadas a não se interessar demais por assuntos proibidos, pois em geral tendem a ser fascinadas por tudo o que é oculto e misterioso. Compreender os direitos e as necessidades das outras pessoas é uma das lições importantes que o jovem escorpiano deve aprender. Dessa maneira, aprenderá também a perdoar as mágoas e as situações infelizes com que se depara na vida cotidiana.

A melhor maneira de demonstrar amor para com uma criança de Sol em Escorpião consiste em agir sempre de maneira leal e incentivá-la a desenvolver seus interesses por ciência, medicina, engenharia, esportes ou literatura. As crianças escorpianas que não se mantêm ocupadas podem se tornar cronicamente mal-humoradas, alimentando ressentimentos contra ofensas imaginárias que lhe teriam sido dirigidas pelos irmãos ou pelos colegas de escola. Às vezes, a criança nascida sob o signo do Escorpião se sente muito diferente das outras;

por isso, cabe aos pais fazê-la perceber que todos se sentem assim de vez em quando e que isso faz parte da vida.

Um espaço que pertença somente a elas é essencial para todas as crianças de Escorpião – um lugar onde elas possam ficar sozinhas, sem ser perturbadas. Pode ser um quarto ou um simples *closet*, mas esse esconderijo secreto dará ao pequeno escorpiano uma sensação de segurança.

A criança escorpiana

A típica criança escorpiana:

* é muito possessiva com seus brinquedos e pertences
* pode ter um amigo imaginário
* esconde seus medos dentro de si
* é cautelosa com estranhos
* é uma excelente detetive
* gosta de concursos e competições e adora ganhá-los
* aprende com seus erros
* pode ter problemas disciplinares
* é leal à família e aos amigos
* se vinga quando é contrariada
* se dá bem com os adultos

O escorpiano como pai ou mãe

O típico pai ou mãe escorpiano:

* exige obediência
* é rigoroso e teimoso
* leva as regras a sério
* mantêm seus filhos sempre ativos e envolvidos na vida doméstica

* gosta de se interessar pelo que seus filhos se interessam
* pode ser superprotetor
* zela apaixonadamente pela família
* tem imensa dificuldade para admitir um erro

Saúde

Os escorpianos costumam ser fisicamente fortes e gozam de boa saúde. Entretanto, alguns deles têm a tendência de ganhar peso na segunda metade da vida. Escorpião é famoso por ser o signo mais sensual do zodíaco, e os escorpianos liberam seu estresse e suas tensões fazendo amor. Suas emoções são extremamente profundas e suas necessidades físicas, intensas. Problemas do nariz e da garganta, distúrbios da bexiga e problemas dos órgãos reprodutores são as doenças mais comuns para os nativos de Escorpião. As pessoas nascidas sob esse signo se beneficiam da ingestão de antioxidantes. Os escorpianos têm um imenso poder de recuperação, raramente ficam doentes e tendem a convalescer o mais rápido possível quando isso acontece.

ESCORPIANOS FAMOSOS

Rainha Maria Antonieta
Lázaro Ramos
Príncipe Charles
Hillary Rodham Clinton
Cristóvão Colombo
Leonardo DiCaprio
William Bonner
Maurício de Sousa
Bill Gates
Whoopi Goldberg
Goldie Hawn
Grace Kelly
Robert F. Kennedy
Marieta Severo
Paulinho da Viola
Demi Moore
Reynaldo Giannechini
Fábio Jr.
Pablo Picasso
Julia Roberts
Milton Nascimento
Meg Ryan
Carl Sagan
Zélia Duncan
Luiz Felipe Scolari

"A abóbada do céu estrelado é, na verdade, o livro aberto das projeções cósmicas."

– CARL GUSTAV JUNG

SAGITÁRIO
22 de novembro – 21 de dezembro

SAGITÁRIO

22 de novembro – 21 de dezembro

Planeta: Júpiter
Elemento: Fogo
Qualidade: Mutável
Dia: quinta-feira
Estação: outono
Cor: roxo (todos os tons)
Plantas: hortênsia, açafrão, alecrim
Perfume: peônia
Pedras: ametista, turquesa, granada, tanzanita
Metal: zinco
Qualidades pessoais: generoso, cosmopolita, bem-humorado, otimista, viajado, sincero até demais

Palavras-chave

Os termos a seguir são chamados "palavras-chave" porque podem ajudar você a decifrar o sentido essencial do signo astrológico de Sagitário. Cada palavra-chave representa questões e ideias de suma importância e destaque na vida das pessoas nascidas tendo Sagitário como signo solar. Você vai constatar que, em geral, cada sagitariano incorpora pelo menos uma destas palavras-chave em seu modo de viver:

liberdade – professoral – ensino – aprendizado – espiritualidade – correr o mundo – filosofia – expansão – aumentar – multiplicação – integrar – encorajar – prosperar – jovial – atitude positiva – sorte – riqueza – generosidade – abundância – perspectivas amplas – educação superior – direito – filosofia – religião – jornalismo televisivo – mundo editorial – culinária exótica – tolerância – suvenires – amizade idealista – cosmovisão – jogos de azar

O sentido simbólico de Sagitário

O símbolo do signo de Sagitário é Quíron, um centauro – um ser meio homem, meio cavalo – que empunha um arco. O centauro Quíron foi o primeiro médico fitoterapeuta e um grande sábio. Na mitologia grega, foi professor do grande guerreiro Aquiles. O arquétipo de Quíron é o Curandeiro Ferido, que aprende a curar as pessoas por meio de sua própria dor e de suas experiências.

A lenda de Quíron pode ter surgido de antigos relatos sobre um caçador sábio e hábil, talvez o líder da primeira tribo a caçar montado num cavalo. É possível que as outras tribos o tenham visto como um ser meio homem, meio cavalo. O uso do cavalo como meio de transporte permitiu que os homens conhecessem muitos lugares e muitas tribos com costumes diferentes. Quando voltavam, eles hipnotizavam sua própria tribo com histórias sobre essas terras e povos longínquos.

As pessoas nascidas sob o signo de Sagitário partilham esse mesmo amor pelas viagens, pelos animais – especialmente os cavalos –, pela vida ao ar livre e junto à natureza, pela medicina natural e por todas as coisas exóticas e estrangeiras. Os sagitarianos são os filósofos e os professores do zodíaco; sem essa função essencial, cada geração seria obrigada a recomeçar do zero, sem poder contar com a orientação da sabedoria acumulada pelos antigos. Os sagitarianos não só mantêm acesa a tocha do conhecimento como também buscam ativamente tanto o conhecimento em si quanto a sabedoria necessária para que ele seja bem utilizado. Eles se interessam somente pelas verdades supremas, pois só essas são dignas de ser conhecidas e ensinadas. O objetivo de cada sagitariano é aprender o máximo possível sobre o maior número possível de temas.

Os sagitarianos têm fama de falar sem rodeios e sentem que a pessoa que diz a verdade deve ser capaz de defender sua posição em face de qualquer questionamento. Vivem apressados e querem continuar viajando, aprendendo e partilhando o que aprenderam.

Sagitário é um dos quatro signos Mutáveis da astrologia (os outros três são Gêmeos, Virgem e Peixes). Os signos Mutáveis estão associados à transformação, ao movimento e à inquietude. As pessoas nascidas sob um signo Mutável compreendem o fluxo e a necessidade de constante readaptação.

Sagitário também é um dos três signos de Fogo (Áries e Leão são os outros dois). Os signos de Fogo são impulsivos, dinâmicos e rápidos tanto para se irar quanto para perdoar.

Os sagitarianos não se sentem constrangidos de expor ao olhar do público até as áreas mais íntimas de sua vida. Embora muitas vezes sejam cultos e sofisticados por natureza, sua sinceridade natural acrescenta à sua personalidade um delicioso elemento de ingenuidade. Nunca espere que um sagitariano peça desculpas por ter aborrecido alguém quando tudo o que ele queria era descobrir a verdade.

Como reconhecer um sagitariano

As pessoas que manifestam as características físicas próprias do signo de Sagitário parecem fortes e ativas. Seu olhar é calmo, estável, inteligente, perceptivo, aberto e sincero. São, em geral, mais altas que a média, parecem autoconfiantes e conservam por bastante tempo uma aparência jovem.

O comportamento e os traços de personalidade típicos de Sagitário

* busca o aprendizado, o ensino e o estudo
* diz exatamente o que tem em mente
* gosta de correr riscos
* é espirituoso e sabe contar uma boa piada
* tem boa memória para fatos
* precisa de liberdade em seus relacionamentos
* é capaz de rir de suas próprias infelicidades
* é bondoso, mas não tem muito tato
* muitas vezes toma atitudes não convencionais
* tem de dizer a verdade
* é capaz de um sarcasmo mordaz
* reage violentamente quando é ferido

O que motiva o sagitariano?

A lição que os sagitarianos têm de aprender é que existe uma importante razão pela qual sua vida não lhes proporciona tantas oportunidades de viajar, aprender e ensinar quanto eles gostariam. Eles vieram ao mundo sob o signo astrológico de Sagitário porque querem aprender a estudar, viajar e, especialmente, ensinar. Podem expandir seu conhecimento de como o mundo funciona por meio de viagens físicas, com certeza, mas também podem viajar mentalmente por meio da filosofia e do conhecimento.

A personalidade sagitariana em sua expressão positiva

Os sagitarianos são naturalmente brincalhões e bem-humorados. Veem a vida e as pessoas de modo tranquilo e filosófico e, assim, conseguem não levar demasiado a sério a si mesmos e a seus próprios problemas e preocupações. Quando estão em sua melhor forma, sabem rir de si mesmos e têm um espírito extremamente livre. Embora tendam a ter opinião firme sobre muitos assuntos, são a própria encarnação da tolerância.

Pelo lado positivo

Os sagitarianos que manifestam as características positivas associadas a seu signo também tendem a ser:

- inspiradores e estimulantes
- otimistas e entusiasmados
- interessados pela diversidade
- honestos e justos
- espirituais
- francos e abertos
- aventureiros
- perdoam e não guardam ressentimento
- generosos

A personalidade sagitariana em sua expressão negativa

Quando os sagitarianos manifestam o lado negativo de sua natureza, podem dar a impressão de ser esnobes e convictos demais de estarem corretos em tudo. Quando são extremamente religiosos, podem ter dificuldade para se dar bem com pessoas que não partilhem suas opiniões morais. Além disso, pelo fato de nunca hesitarem em comunicar aos outros sua visão de mundo, às vezes têm dificuldade para não passarem sermão nas pessoas e procurarem convencê-las de seus pontos de vista.

Traços negativos
Os sagitarianos que manifestam as características negativas associadas a seu signo também tendem a ser:

- suscetíveis e impacientes
- desajeitados e descuidados
- fazem de tudo um motivo para pregarem seus pontos de vista
- receosos de assumir grandes responsabilidades
- jogam com a sorte
- indulgentes demais com os próprios desejos
- nômades; nunca param num só lugar
- incapazes de fazer um planejamento qualquer para a vida
- potencialmente fanáticos

Peça a um sagitariano

Peça a um sagitariano que o ajude se você quer ver um assunto espiritual sob uma perspectiva ampla, pois muitos sagitarianos são dotados de uma sabedoria capaz de transpor as fronteiras dos diversos pontos de vista particulares. As pessoas nascidas sob a influência do signo de Sagitário também sabem inventar e embelezar histórias. Não só parecem ter lido sobre absolutamente todos os assuntos como também suas próprias experiências de vida são tão interessantes quanto possível. Além de tudo, também não têm a menor vergonha de falar sobre essas experiências.

A amizade com os sagitarianos

Os sagitarianos atendem a todos os pedidos de ajuda. Levam para dentro de casa animais perdidos e pessoas desabrigadas e, em nome da amizade, são capazes de dar apoio a qualquer causa. Emprestam dinheiro aos amigos sem ter a expectativa de o receberem de volta. Os sagitarianos têm amigos de muitas profissões e classes sociais diferentes. Seu rol de amizades tende a ser uma mistura de vários grupos étnicos, homens e mulheres, pessoas de diversas idades, heterossexuais e homossexuais, e todos são tratados como iguais.

Os sagitarianos aceitam qualquer amigo que viva à altura de seus padrões pessoais. Defendem seus amigos com extrema lealdade, mas também dizem exatamente o que pensam. Ter amizade íntima com apenas uma ou duas pessoas não é a norma para o sagitariano. Na verdade, qualquer indivíduo que tenda à excessiva familiaridade ou se sinta tentado a se aproveitar do caráter naturalmente amistoso do sagitariano será, mais cedo ou mais tarde, atingido pela sinceridade brutal e cortante dos nativos deste signo.

Em busca do amor

Se o sagitariano não está num relacionamento, é possível que encontre um companheiro em uma de suas viagens ou no processo de planejá-la. O aprendizado de uma língua ou uma ida à biblioteca ou a alguma instituição de ensino também são atividades que podem expor o sagitariano a novas ideias e pessoas. Talvez ele venha a se envolver com uma pessoa estrangeira ou diferente, ou cuja família venha de outro lugar do mundo. Os sagitarianos podem trabalhar em meios de comunicação de massa, no ramo editorial, no setor de viagens, na filosofia ou na pesquisa, e esses interesses também podem levá-los a conhecer sua cara-metade.

Na maioria das vezes, os sagitarianos não buscam conscientemente um companheiro. Antes, colocam-se propositalmente em situações nas quais terão oportunidade de conhecer um grande número de pessoas interessantes. Muitas vezes, o romance com o sagitariano parte de uma situação anterior de amizade, e essa talvez seja uma das razões pelas quais as pessoas nascidas sob este signo têm tantos amigos! Ou, senão, por estarem sempre rodeados de amigos, talvez seja natural que os sagitarianos sejam levados por esses mesmos amigos a conhecer pessoas com quem possam se envolver. Às vezes isso dá certo, mas às vezes o tiro sai pela culatra. No fim das contas, é o próprio sagitariano quem tem de decidir qual é a pessoa que lhe interessa realmente.

O sagitariano não pode viver a vida baseado nos boatos ou nas opiniões de outras pessoas. Se mantiver esse princípio em mente, conseguirá se distanciar das influências da televisão, do rádio e de jornais, livros, revistas e outras fontes exteriores que estejam querendo lhe impor um companheiro que corresponda a determinados padrões.

Para encontrar aquela pessoa especial

Para o sagitariano, uma conversa casual tem o potencial de conduzir ao verdadeiro amor, pois é na partilha de experiências e ideias que eles tendem a encontrar a pessoa que será especial em sua vida. Se o sagitariano estiver disposto a encontrar um companheiro, partir sozinho num cruzeiro ou mesmo fazer uma viagem mais simples poderá conduzi-lo à sua alma gêmea.

O primeiro encontro

Na verdade, os sagitarianos não gostam de "encontros" no sentido tradicional. Preferem reuniões espontâneas. Uma ida a uma cafeteria à tarde pode virar uma conversa que se prolonga até de madrugada. O sagitariano também pode encontrar o amor ao ar livre, junto à natureza. Participar de um evento esportivo ou mesmo simplesmente assisti-lo também são meios favoráveis para que encontre, mantenha ou aprofunde um relacionamento. Uma excursão pela natureza ou um piquenique seriam excelentes para o primeiro encontro. O simples ato de o casal sair junto para fazer uma caminhada – especialmente em direção a uma biblioteca ou livraria – pode deixar o sagitariano feliz.

O sagitariano e o amor

Os sagitarianos gostam dos prazeres físicos do amor. São inventivos, generosos e afáveis quando estão num relacionamento. Embora afetivos e amorosos, são completamente sinceros com a pessoa amada. Nem sempre expressam abertamente seu amor: não gostam de ficar abraçadinhos nem de cobrir a pessoa amada de presentes e flores – traço de caráter que pode ser mal interpretado como falta de calor humano e de consideração. No entanto, compensam a pessoa amada de outras maneiras – com profundas discussões filosóficas e uma excelente compatibilidade intelectual.

Amor eterno

O sagitariano vê o romance como uma aventura intelectual, física e emocional. Se por acaso ele tem medo de se apaixonar profundamente, é porque sente que, caso isso aconteça, terá de se desfazer de uma parte de sua alma ou mudar mais coisas em sua vida do que gostaria. Raramente se arrepende de suas escolhas no amor, mas, por ser Sagitário um signo de Fogo, às vezes acontece de esse fogo se apagar e o sagitariano querer voltar à relação anterior de "apenas bons amigos". Quando isso acontece, ele pode até ficar deprimido, mas o mais provável é sentir que o romance foi uma experiência favorável que simplesmente chegou ao fim.

Expectativas no amor

O melhor companheiro para que o sagitariano se sinta seguro no amor é alguém que partilhe seus ideais, seu bom humor, seu amor pelas ideias e seu gosto pela vida. Ele espera que a pessoa amada tenha a mente aberta e não o prenda, mas, pelo contrário, o estimule, o divirta e lhe dê liberdade de movimentos. Sagitário não se sente atraído por alguém que não seja capaz de acompanhar seu ritmo de vida e seu desejo de viajar e conhecer coisas novas.

Os sagitarianos são pessoas amorosas e brincalhonas e, na verdade, são excelentes pais ou mães. Nos casos amorosos, entretanto, são aventureiros, correm riscos e podem sentir atração pelo perigo. Querem companheiros que curtam a espontaneidade e apreciem sua sinceridade, seus acessos de coragem e seu entusiasmo, e que não tentem controlá-los. Embora a paixão seja um elemento importante de qualquer relacionamento romântico, os sagitarianos também precisam sentir que seu amante é seu melhor amigo. Para eles, a amizade é a porta que conduz à verdadeira intimidade e ao amor.

O que o sagitariano procura

O sagitariano não procura uma pessoa que simplesmente confirme suas atitudes e pontos de vista, mas é mais feliz quando pode estar com alguém cuja curiosidade intelectual seja equivalente à sua. O que excita o sagitariano é a intensidade da dedicação de seu companheiro às suas ideias, e não as ideias em si. Por isso, não é incomum que se apaixone por alguém cujas ideias políticas, religiosas ou filosóficas sejam radicalmente diferentes das dele. Isso alimenta os debates acalorados, que são mais uma das coisas que o sagitariano aprecia.

Se o sagitariano soubesse...

Se o sagitariano soubesse que a felicidade que ele procura se encontra, na maioria das vezes, bem debaixo do seu nariz, talvez sentisse que não tem de se afastar tanto de casa para encontrá-la. Embora se felicite por ser capaz de ver as coisas a partir de uma perspectiva bem ampla, deve se lembrar de que a maioria das questões importantes são compostas pelos pequenos detalhes da vida cotidiana.

Casamento

A pessoa que pensa em se casar com um sagitariano típico deve saber que Sagitário valoriza sua própria liberdade acima de qualquer outra coisa. Em troca, seu companheiro poderá esperar sinceridade e uma abundância de ideias criativas.

O sagitariano é franco e amistoso e quer que seu charme espontâneo desperte o amor e não o ressentimento em seu companheiro. Suas palavras e atos sempre mostram o que ele está pensando e sentindo, de modo que o companheiro em potencial também deve fazer questão de formular com clareza suas próprias opiniões e sentimentos. Em matéria de amor, os sagitarianos não gostam de joguinhos; querem um parceiro forte, que não bata em retirada diante das dificuldades. O companheiro de vida do sagitariano não deve jamais mandá-lo fazer isto ou aquilo, mas sempre pedir. O sagitariano não reage bem a manifestações ostensivas de autoridade.

O signo oposto a Sagitário

Gêmeos, com sua agilidade mental e sua perpétua mutabilidade, é o signo oposto a Sagitário. Embora haja algumas semelhanças entre os dois signos – a curiosidade intelectual e o gosto pelas conversas –, também há muito que eles podem aprender um com o outro. Gêmeos tem afinidade pelos detalhes e pode ajudar Sagitário a preencher o que falta em sua ampla visão de mundo. Além disso, Gêmeos é excelente para organizar festas e tem um talento especial para dar a impressão de que cada conversa que ouve é a melhor que ele jamais ouviu. A atitude tranquila de Sagitário perante a vida – relevando as imperfeições e as mágoas – também pode ensinar Gêmeos a ser menos ansioso.

Compatibilidades

No geral, quando as duas pessoas manifestam as características típicas do seu signo, os relacionamentos íntimos entre um sagitariano e outro indivíduo podem ser descritos da seguinte maneira:

Sagitário com Sagitário:	Harmonioso: amigos e amantes para a vida inteira
Sagitário com Capricórnio:	Harmonioso, se Capricórnio conseguir aprender a ser mais despreocupado
Sagitário com Aquário:	Harmonioso; feitos um para o outro sob todos os aspectos
Sagitário com Peixes:	Difícil, a menos que Peixes aprenda a ser menos carente
Sagitário com Áries:	Harmonioso; uma parceria apaixonada
Sagitário com Touro:	Turbulento, especialmente quando Touro tenta controlar Sagitário

Sagitário com Gêmeos:	Difícil, mas ambos conseguem têm a capacidade de estimular um ao outro
Sagitário com Câncer:	Turbulento, pois Câncer valoriza muito a segurança
Sagitário com Leão:	Harmonioso, embora Leão às vezes seja teimoso demais
Sagitário com Virgem:	Difícil, pois estes dois signos têm tendências emocionais diametralmente opostas
Sagitário com Libra:	Harmonioso, com um entusiasmo comum pela vida e pelo amor
Sagitário com Escorpião:	Harmonioso, a menos que Escorpião faça exigências demais

Quando as coisas não dão certo

Os sagitarianos precisam de liberdade e não se dão bem com parceiros possessivos, carentes ou emocionalmente exigentes. São, em geral, bastante generosos e não gostam de mesquinharia. Essas, mais que quaisquer outras, são as diferenças que podem resultar num rompimento. Os sagitarianos geralmente não sofrem demais e não dramatizam a separação; apesar de seu jeito sedutor, são, na verdade, pessoas muito práticas. Mesmo quando decidem se separar de um namorado ou cônjuge, geralmente permanecem amigos dele.

Sagitário no trabalho

Quando o sagitariano é obrigado a fazer alguma coisa imediatamente, sem ter tempo de analisá-la, ele consegue fazer o que precisa ser feito. No entanto, quando pode se dar ao luxo de pensar sobre o que lhe foi pedido, tende a ser tímido e cauteloso. É importante que o sagitariano não se deixe influenciar a tal ponto pelos novos discernimentos obtidos que decida adiar os planos de ontem e elaborar um novo grande plano para mudar de vida, e depois cancele esse novo plano amanhã, quando um novo discernimento se tornar disponível. Também é importante que o sagitariano evite a tendência de não querer cuidar dos detalhes necessários para implementar qualquer plano bem-sucedido. Nenhum signo é tão destemido e tão aberto quanto Sagitário quando se trata de fazer contato com coisas novas e estranhas, mas os sagitarianos precisam desenvolver sua tolerância para com as coisas necessárias e rotineiras. Aperfeiçoando os estudos e as habilidades profissionais – especialmente as habilidades ligadas à área de gestão –, eles aprendem a delegar. Todo esforço extra que o sagitariano dedica aos estudos volta para ele multiplicado.

Profissões típicas

Entre as melhores profissões para o sagitariano estão as ligadas à área de viagens, as profissões universitárias, a televisão e o rádio, o ramo editorial, a pesquisa, a política, o cinema – especialmente no ramo de documentários – e a redação de livros, mas não de artigos. O que quer que faça, o sagitariano deve ver sua profissão como uma experiência vitalícia de aprendizado, e não como um simples emprego. Ele é sensível às ideias amplas e universais e tem de ter uma carreira que lhe permita partilhar essas ideias com as outras pessoas.

Os sagitarianos são pessoas versáteis. São professores e filósofos por natureza. Não há nada de que gostem mais do que expor os princípios morais, as leis e as ideias que explicam o universo. Graças a essa característica, dão excelentes teólogos ou cientistas.

Também têm vocação para o direito, o funcionalismo público e a administração pública. Eles se dão bem em relações públicas, na propaganda, no ramo editorial, nas mídias de amplo alcance e na internet, bem como em qualquer função no setor de viagens. Muitos sagitarianos se encontram em profissões que lhes permitem realizar seu desejo natural de conhecer o mundo. Trabalhar junto à natureza, no ramo de esportes ou de preparação física, ou ainda com cavalos ou outros animais são escolhas ideais.

Comportamento e capacidades no trabalho

No trabalho, o sagitariano típico:

- é versátil e tem muitos talentos
- se cansa quando fica entediado
- precisa fazer várias coisas ao mesmo tempo
- precisa sair do ambiente de vez em quando
- tem ideias criativas
- precisa de exercícios físicos e intelectuais

O sagitariano como empregador

O típico chefe sagitariano:

- é, em geral, um otimista
- é capaz de promover e vender qualquer coisa
- pode ser bastante direto e quer que as pessoas digam o que estão pensando
- tem ideias que saem do convencional
- muda de ideia com frequência
- luta pelo que considera correto
- tem a mente ampla e enxerga o quadro geral
- pode se esquecer de dar atenção aos detalhes

O sagitariano como empregado

O típico funcionário sagitariano:

- trabalha melhor quando tem liberdade
- é alegre e afável
- anima as pessoas com seu bom humor
- atende rapidamente quando alguém precisa de ajuda
- precisa ter sua contribuição reconhecida
- geralmente trabalha rápido
- é entusiasmado e interessado
- está sempre aprendendo e aumentando seus conhecimentos

O sagitariano como colega de trabalho

O sagitariano trabalha bem com seus colegas e tende a ser generoso e tolerante. Assim, ganha a confiança dos colegas e se torna íntimo deles. A amplitude de consciência do sagitariano o habilita a tirar de letra os possíveis casos de inveja que possam decorrer de seu sucesso. O sagitariano deve alimentar bons sentimentos por aqueles a quem chegou a invejar no passado, mas também deve ter compaixão pelos que não tiveram essa sorte.

Detalhes, detalhes

Para muitos sagitarianos, os detalhes são coisas chatíssimas, conquanto necessárias. Se for possível delegar os detalhes, eles o farão, para que possam assim concentrar-se em conceitos mais amplos e no aspecto criativo dos projetos. Os sagitarianos nunca pensam pequeno. Creem que é melhor pensar grande, como se fossem os donos da empresa para a qual trabalham. Para eles, é importante libertar-se de rotinas entediantes.

No entanto, sabem lidar com os detalhes melhor do que eles mesmos imaginam. Lembram-se dos nomes, aniversários e outras informações das pessoas com quem trabalham. São excelentes com números e sabem traduzir o significado destes em conceitos mais pessoais. Quando alguém lhes diz que são bons nessas coisas, porém, eles não saberão se isso é uma crítica ou um elogio.

Mesmo assim, quando precisam lidar regularmente com detalhes, os sagitarianos conseguem aprender algo de grande importância. Esse processo pode lhes ensinar a observar prazos e cronogramas. Quando os sagitarianos compreendem que o cuidado com os detalhes não prejudica seu talento para as grandes ideias, certamente deixarão de ver com tanta negatividade o trabalho com os aspectos menores dos projetos.

Dinheiro

A riqueza e o sucesso podem entrar na vida do sagitariano por meio dos esportes, de todas as coisas naturais e puras, de animais – especialmente cavalos –, da filosofia, das viagens, da justiça, da televisão e do rádio e das atividades editoriais.

Um dos pontos fracos do sagitariano é lidar com dinheiro. Generoso e expansivo, não é fácil para ele ser econômico. Por isso, deve levar em consideração algumas lições práticas – deve, por exemplo, cortar as compras por impulso. A personalidade sagitariana, inquieta e amante da liberdade, precisa aprender que não terá nada a perder caso aprenda certas regras de planejamento financeiro. Outro ponto fraco é a certeza do sagitariano de que poderá ganhar um bolo de dinheiro em jogos de azar ou outras coisas que dependem da sorte.

Em casa

A casa do sagitariano é onde ele está; alguns têm ou gostariam de ter várias casas, ao passo que outros viajam permanentemente. Não é incomum que os sagitarianos passem algum tempo no exterior ou morem alternadamente em dois países diferentes.

Comportamento e habilidades em casa

O sagitariano típico:

- está sempre fazendo planos para a próxima viagem
- gosta de estar tranquilo e à vontade
- tem lembranças de viagem espalhadas pela casa
- gosta de fazer e receber visitas sociais
- adora uma decoração informal
- não é obcecado pela organização
- gosta de receber amigos e colegas

Interesses de lazer

Os interesses de lazer dos sagitarianos são variados e versáteis. Eles têm afinidade natural pelos esportes e gostam tanto do contato social quanto da competição em si. As viagens de longa distância a países estrangeiros são um dos principais interesses sagitarianos. Alguns preferem "viajar" no mundo da literatura, da religião ou da filosofia.

O sagitariano típico aprecia os seguintes passatempos

- ler sobre outras culturas
- esportes de risco e jogos de azar
- criação de animais
- ter animais de estimação

- viajar e explorar países estrangeiros
- fazer cursos de filosofia
- estudar línguas estrangeiras
- reuniões e eventos ligados à religião e à espiritualidade

Do que o sagitariano gosta

- ser livre para ir aonde quiser
- viver viajando
- ideias alternativas
- bagagem
- remédios naturais
- convidar os amigos para jantar
- loterias e rifas
- livros novos
- festas e paquera
- roupas de ginástica
- pratos exóticos

Do que o sagitariano não gosta

- ser sedentário
- sofrer a desaprovação alheia
- assumir compromissos
- sentir-se preso
- lavar a louça
- cuidar de detalhes
- ter de vestir uma roupa formal
- conversa fiada
- mentes fechadas
- formalidade
- ter de cumprir horário

O lado secreto de Sagitário

Dentro de toda pessoa que sofre a forte influência do signo de Sagitário há alguém que aspira a ser livre. Os parceiros possessivos, as pessoas de mentalidade conservadora e os burocratas que se envolvem com o sagitariano devem ter ciência desse fato. O sagitariano que se sentir preso na vida, no amor ou em qualquer oportunidade de crescimento espiritual será infeliz.

Como o centauro, um dos símbolos do signo de Sagitário, o sagitariano sofre de um conflito entre a mente e o corpo. O objetivo de sua vida é resolver esse conflito para poder guiar os outros.

Júpiter

Júpiter, o maior planeta do nosso sistema solar, rege a expansão, o crescimento, o quadro geral das coisas, as grandes ideias, a jovialidade e a sorte – não só no sentido da sorte cega, mas também da boa fortuna que decorre da expansão da mente mediante o aprendizado e abertura a ideias novas. Rege a expansão sob todos os seus aspectos – quer se trate de comprar outra empresa, acrescentar um cômodo à casa ou aumentar a circunferência da cintura. Quando as energias jupiterianas operam em nossa vida, as coisas dão certo mesmo que não façamos nada.

A pessoa influenciada por Júpiter pode se exceder em seu apreço pelas coisas boas da vida e começar a viver acima de suas posses. Não admira que Júpiter seja o regente não só fígado, mas também do sangue, das veias e das artérias, pois são elas que levam a vida às extremidades mais longínquas do corpo; Júpiter também rege os quadris e as coxas, que nos ajudam a nos movimentar pela Terra.

Como criar um sagitariano

A maioria das crianças sagitarianas gosta de aprender, mas detesta ser tolhida por regras consideradas desnecessárias. São capazes de estabelecer padrões de excelência para si mesmas e devem ser encorajadas a fazê-lo. As crianças nascidas com o Sol em Sagitário ocultam suas feridas, decepções e sofrimentos por trás da crença otimista de que, no fim, tudo vai dar certo. O palhaço que ri de coração partido se comporta de modo sagitariano. É importante que a criança sagitariana possa aproveitar oportunidades para aprender e ter contato social. Também é uma excelente ideia garantir que, mais à frente, possa frequentar a universidade.

As crianças de Sol em Sagitário são dadas a questionar os valores dos adultos e tendem a se manifestar quando identificam algum ponto de hipocrisia nas pessoas ao seu redor. A melhor coisa que os pais de um sagitariano podem fazer é serem totalmente sinceros. Não devem exercer pressão sobre ele nem tratá-lo de modo possessivo, mas devem demonstrar seu amor por meio do encorajamento e de manifestações de agrado. Devem, ainda, ampliar os horizontes do jovem sagitariano de todas as maneiras possíveis. Dar-lhes os meios para viajar é bom, mas viajar com eles é ainda melhor.

A criança sagitariana

A típica criança sagitariana:

- é impulsiva e aventureira
- é feliz e brincalhona
- é ativa e, por causa disso, costuma se machucar
- se interessa por muitos assuntos
- espera dos pais sinceridade total

- gosta de estar na companhia de outras pessoas
- adora brincar fora de casa
- faz perguntas sem parar
- adora animais, de estimação ou não
- raramente para quieta
- gosta de que alguém leia para ela

O sagitariano como pai ou mãe

O típico pai ou mãe sagitariano:

- pensa globalmente e não localmente
- sempre responde às perguntas com sinceridade
- tem fé nos filhos
- proporciona-lhes acesso a uma boa educação
- está sempre disposto a conversar com os filhos e brincar com eles
- é estimulante e divertido
- encoraja os filhos a viajar quando ficam mais crescidos
- pode ter expectativas intelectuais muito elevadas
- expõe as crianças à diversidade

Saúde

Os sagitarianos são aventureiros e ativos e têm medo de ficar doentes e de cama. Por serem tão cheios de vida, seus níveis de energia flutuam e frequentemente se esgotam. Os sagitarianos devem tomar cuidado para não acumular gordura em torno do quadril e nas coxas, que são as partes do corpo regidas por Sagitário.

O sagitariano típico é saudável e cheio de energia, mas a rotina, sob todas as suas formas, mina seu otimismo. Entretanto, sua positividade os ajuda a superar rapidamente as doenças.

Os sagitarianos tendem a correr riscos e, por isso, de vez em quando podem sofrer acidentes em esportes radicais. A jovial influência jupiteriana às vezes leva o sagitariano a exagerar na comida ou na bebida, produzindo problemas de saúde.

SAGITARIANOS FAMOSOS

Luiz Gonzaga
Kim Basinger
Ludwig van Beethoven
Silvio Santos
Walcyr Carrasco
Winston Churchill
Angélica
Sammy Davis, Jr.
Noel Rosa
Joe DiMaggio
Walt Disney
Jane Fonda
Taís Araújo
Uri Geller
Jimi Hendrix
Bruce Lee
Gustavo Borges
Julianne Moore
Jim Morrison
Brad Pitt
Frank Sinatra
Steven Spielberg
Eliana
Tina Turner
Mark Twain

"Qualquer um pode ser milionário,
mas para ser milionário é preciso
ter um astrólogo."

– J. P. MORGAN

CAPRICÓRNIO
22 de dezembro – 20 de janeiro

CAPRICÓRNIO

22 de dezembro – 20 de janeiro

Planeta: Saturno
Elemento: Terra
Qualidade: Cardinal
Dia: sábado
Estação: inverno
Cores: preto, marrom escuro, cinza
Plantas: amor-perfeito, hera, tulipa, lilás
Perfume: vetiver
Pedras: azeviche, obsidiana, quartzo fumê, turquesa
Metal: chumbo
Qualidades pessoais: ambicioso, prudente, disciplinado, frugal e tradicional

Palavras-chave

Os termos a seguir são chamados "palavras-chave" porque podem ajudar você a decifrar o sentido essencial do signo astrológico de Capricórnio. Cada palavra-chave representa questões e ideias de suma importância e destaque na vida das pessoas nascidas tendo Capricórnio como signo solar. Você vai constatar que, em geral, cada capricorniano incorpora pelo menos uma destas palavras-chave em seu modo de viver:

status quo – seriedade e maturidade – materialismo – organização – responsabilidade – estrutura – cristalização – permanência – tradição – conservadorismo – medos – cautela – líder da matilha – realismo – definição e compreensão de regras e limites – prova do tempo – figuras de autoridade – disciplina – preocupação – cumprir obrigações – teste – concentração – suportar restrições – escalar a montanha – potencial de liderança – linha do tempo – sabedoria

O sentido simbólico de Capricórnio

A cabra-montesa é o símbolo de Capricórnio. Ela escala montanha após montanha com uma energia incansável, e a maioria dos capricornianos é igualmente incansável em seu esforço para chegar à posição suprema em suas respectivas profissões. Muita gente pensa que os capricornianos querem, acima de tudo, o respeito das multidões; mas é mais correto afirmar que desejam o respeito daquelas pessoas que eles próprios respeitam. Isso é tão importante para eles quanto viver com riqueza e estilo – outra maneira pela qual procuram garantir o respeito das pessoas que importam.

Para chegar ao topo, os capricornianos se dispõem a fazer o que se espera deles. Isso lhes dá a reputação de serem conservadores quando, lá no fundo, são bastante sensuais. São conservadores, sim, mas no melhor sentido da palavra. Os capricornianos conservam o que têm para que possam ter o suficiente na hora da necessidade. Essa é a verdadeira praticidade. Os capricornianos são, também, excelentes executivos. Na verdade, eles têm dificuldade para dar o melhor de si enquanto não são encarregados de alguma responsabilidade importante. Quando sentem esse peso sobre os ombros e percebem que o sucesso do empreendimento depende deles, mostram-se à altura do desafio e obtêm sucesso em situações nas quais outras pessoas desistiriam. Quando alcançam algum grau de realização pessoal, manifestam uma energia capaz de superar praticamente qualquer obstáculo.

Os capricornianos exibem essa característica de personalidade porque Capricórnio é um dos quatro signos Cardinais da astrologia (os outros três são Áries, Libra e Câncer). Os signos Cardinais abordam a vida de maneira enérgica, são empreendedores, não gostam de ficar parados e dão início a novas atividades. Assim, realizam seus objetivos. Capricórnio também é um dos três signos de Terra da astrologia (os outros dois são Touro e Virgem). Os signos de Terra reagem ao mundo através dos cinco sentidos: aquilo que veem, ouvem, provam, tocam e cheiram. Essa energia do elemento Terra dá ao capricorniano muita paciência, disciplina e entendimento de como este mundo funciona.

A consciência de quanto ainda têm de caminhar para alcançar o respeito que almejam às vezes torna os capricornianos pessimistas ou até deprimidos. Na verdade, porém, essa tendência não decorre da percepção de quão longo é o caminho a ser percorrido, mas do fato de eles raramente se deixarem inspirar e energizar pelo quanto efetivamente já realizaram.

Como reconhecer um capricorniano

O capricorniano típico tem aparência séria e uma atratividade "terrena". Geralmente não sorri muito, mas valoriza a aparência e se importa com o que as outras pessoas pensam. Os jovens parecem mais velhos do que são; por outro lado, os capricornianos mais idosos começam a relaxar e parecem mais jovens. Todos caminham com determinação e disciplina.

O comportamento e os traços de personalidade típicos de Capricórnio

- se veste de acordo com as convenções
- é próximo da família, até de parentes distantes
- é um pouco inibido
- é meio mal-humorado e melancólico
- precisa ter seu trabalho reconhecido
- administra uma casa e um escritório bem organizados
- parece inacessível
- é digno e muito educado
- dá a impressão de estar sempre protegendo a si mesmo
- é cuidadoso quando começa a conhecer as pessoas
- gosta de estabelecer objetivos de longo prazo
- é muito confiável
- tem opiniões firmes
- parece estável como uma rocha

O que motiva o capricorniano?

Os capricornianos têm de aprender que há uma importante razão pela qual a vida não lhes proporciona tantas oportunidades de gozar do sucesso, da riqueza e da felicidade quanto eles gostariam. Eles vieram a este mundo sob o signo astrológico de Capricórnio porque querem aprender qual é a melhor maneira de alcançar o sucesso, a riqueza e a felicidade! Lá no fundo, sabem que existem técnicas específicas que precisam adquirir e lições que precisam aplicar em suas vidas para que possam finalmente realizar todo o seu potencial.

A personalidade capricorniana em sua expressão positiva

A cabra capricorniana sabe onde pisa. Extremamente prática, ela sempre acaba chegando às alturas antes de outras pessoas que, embora mais rápidas, são menos determinadas. Sabe que a substância e a resistência sempre vencem a vistosidade e o estilo. O capricorniano fiel a si mesmo pode dar a impressão de ser meio frio e emocionalmente distante, mas as pessoas nascidas sob este signo são generosas e bondosas.

Pelo lado positivo

Os capricornianos que manifestam as características positivas associadas a seu signo também tendem a ser:

- especialistas em organização
- respeitadores da autoridade
- cautelosos, realistas e convencionais
- esforçados e escrupulosos
- ambiciosos e bons para os negócios
- dotados de elevados padrões morais
- pessoas que honram as tradições
- bons para dar conselhos
- fazem cálculos antes de passar à ação

A personalidade capricorniana em sua expressão negativa

O capricorniano frustrado ou infeliz terá dificuldade para se dar com as pessoas, a menos que esteja numa posição de autoridade. Os capricornianos são emotivos, mas às vezes, por medo de parecer fracos, preferem esconder seus sentimentos. Podem exercer sobre os outros uma influência deprimente em razão de sua natureza estoica e frugal. Por serem tão sedentos de sucesso, pode acontecer de serem oportunistas.

Traços negativos

Os capricornianos que manifestam as características negativas associadas a seu signo também tendem a ser:

- melancólicos
- fatalistas
- dificilmente satisfeitos
- cínicos e duros de coração
- egoístas
- lentos e pesados
- manipuladores
- egocêntricos
- solitários

Peça a um capricorniano

Peça a um capricorniano que o ajude a encontrar uma solução prática para um problema. As pessoas nascidas sob o signo de Capricórnio se orgulham de seu bom senso. Talvez não abordem os problemas de maneira glamorosa ou vistosa, mas sabem resolvê-los. Pode-se contar com os capricornianos para que avaliem uma situação de maneira justa e honesta. Eles sabem dizer a verdade sem dar a impressão de estar fazendo críticas.

A amizade com os capricornianos

Os capricornianos são leais, confiáveis e, muitas vezes, extremamente generosos com os amigos. Tentam provar sua sinceridade demonstrando devoção total à amizade. Gostam de amigos pacientes, compreensivos, educados e não muito extrovertidos. Continuam amando aqueles que ficaram velhos ou doentes. Por piores que sejam as circunstâncias, não abandonam nem negligenciam os amigos leais.

Quando a amizade é abalada em razão de um erro de julgamento da parte dele, o capricorniano se deprime. Pode passar dias ou semanas remoendo uma discussão ou uma decisão errônea. Os capricornianos têm o hábito irritante de recomendar coisas que julgam serem boas para seus amigos, mas que estes não querem. Na pior das hipóteses, os capricornianos são capazes de usar impiedosamente um amigo para alcançar um objetivo pessoal.

Em busca do amor

O capricorniano pode se sentir atraído por uma pessoa que o lembre de seu pai ou sua mãe – do genitor que ele mais respeitava ou que o disciplinava. Essa tendência também pode se manifestar no casamento com uma pessoa mais velha. Os capricornianos muitas vezes parecem ter mais sabedoria que as outras pessoas de sua idade e, por isso, podem atrair para si um parceiro mais velho.

Quando o capricorniano não vive um relacionamento amoroso, a razão desse fato provavelmente tem a ver com seus sentimentos sobre questões de estrutura, limites e disciplina. Pode acontecer de o capricorniano ser tão disciplinado que não deixa espaço em sua vida para nenhum relacionamento, talvez por imaginar que este poderia distraí-lo de assuntos mais sérios e importantes. Também pode acontecer de o capricorniano não querer se envolver com ninguém cuja autodisciplina seja muito maior ou muito menor que a sua. Ele precisa estar disposto a partilhar o comando com a pessoa amada e a não fazer demasiada questão de controlar tudo. Deve tomar cuidado para não ter a mente por demais fechada e estar disposto a dar às pessoas a oportunidade de serem humanas.

Quando o capricorniano não está num relacionamento firme, pode encontrar sua cara-metade durante o horário de trabalho ou por meio de interações com figuras de autoridade. O relacionamento pode se formar no local de trabalho, mas isso não é uma norma. Seu companheiro talvez seja mais velho, e pode ser que o relacionamento seja semelhante ao de professor e aluno. Outro modo pelo qual o amor pode se manifestar é quando o capricorniano conhece alguém enquanto está atuando no papel de figura de autoridade ou trabalhando para se tornar uma tal figura.

Para encontrar aquela pessoa especial

Em razão de sua devoção ao trabalho, os capricornianos podem vir a encontrar seu verdadeiro amor no local onde trabalham ou por meio de algum outro tipo de associação profissional. Visto possuírem uma vida social ativa, têm a oportunidade de encontrar pessoas solteiras e disponíveis em festas ou eventos culturais, ou ainda com a ajuda de amigos em comum. Quando decidem usar um serviço de encontros *on-line*, provavelmente seus amigos jamais o saberão, pois os capricornianos prezam a privacidade.

O primeiro encontro

Para sair num primeiro encontro com um capricorniano, experimente ir ao cinema e depois jantar. O filme deve ser, de preferência, um antigo clássico, ganhador do Oscar. O capricorniano vai adorar algo bem tradicional, que se aproxima da sua ideia de o que seria um "encontro ideal". Outra boa opção é um concerto. Os capricornianos apreciam o bom gosto; por isso, vale a pena vocês tomarem café e comerem um doce num bistrô chique depois de ir a um evento. Os capricornianos, além disso, têm mais facilidade para relaxar e serem eles mesmos num ambiente social íntimo; uma visita a um clube de jazz ou um restaurante ou lanchonete elegantes seria compatível com os altos padrões capricornianos.

O capricorniano e o amor

Os capricornianos típicos não têm relacionamentos amorosos casuais e só dizem "eu te amo" quando realmente amam. Realistas e práticos, podem se preocupar com o aspecto emocional do relacionamento. Às vezes precisam se sentir financeiramente seguros para apreciar o amor. Pode valer a pena, para o capricorniano, procurar descobrir um jeito de trabalhar de maneira prática com seu par romântico. Quando o capricorniano se sente seguro no relacionamento, é carinhoso, comprometido e cheio de consideração pelo companheiro.

Amor eterno

Embora os capricornianos possam se apaixonar rapidamente, não gostam de ser os primeiros a dizer "eu te amo". O medo da rejeição pode levá-los a fingir distanciamento e desinteresse até que a pessoa amada declare suas intenções. Apesar dessa aparência de timidez, quando o relacionamento se estabelece os capricornianos são leais a ponto de se tornarem dogmáticos. O romance muitas vezes os pega de surpresa, permitindo que exponham seu lado sentimental. Capricórnio geralmente não faz grandes declarações de amor, mas demonstra seu amor de maneira prática, com uma centena de pequenos gestos cotidianos.

Expectativas no amor

Os capricornianos são muito sérios em seus relacionamentos amorosos. Em geral, demoram a abordar a pessoa por quem se interessam e quase nunca paqueram somente para se divertir. Não tendem a manter relacionamentos casuais. Querem ter um lar e formar uma família, assumindo um compromisso de longo prazo. Tanto o capricorniano quanto seu companheiro devem declarar de modo inequívoco o nível de compromisso esperado antes de tomarem qualquer atitude no sentido de irem morar juntos. Para alguns, morar juntos é a mesma coisa que casar, ao passo que para outros isso não passa de um arranjo conveniente.

    O capricorniano espera que o companheiro lhe seja fiel e parte do princípio de que a pessoa amada o admira. O amor e os relacionamentos também estão estreitamente ligados a seu trabalho e sua carreira profissional. Caso o companheiro não esteja se dando bem nessas áreas, o relacionamento terá problemas, pois o capricorniano sentirá a necessidade de criticá-lo ou de estimular a competitividade entre ambos. Além disso, pode ser que ele tenha medo de qualquer pessoa que tente lhe impor algum tipo de disciplina, estrutura ou limitação. Essa característica limita o número de indivíduos com quem ele pode se relacionar, mas faz parte da essência do ser do capricorniano e, portanto, deve ser aceita e respeitada.

O que o capricorniano procura

Os capricornianos são seres sensatos que dificilmente se apaixonam por pessoas consideradas superficiais e imprevisíveis. O tradicionalismo é uma parte importante do seu ser, de modo que em geral procuram alguém que seja sério e estável. Apreciam a inteligência e o potencial de sucesso. Uma pessoa rebelde ou desocupada dificilmente lhes chamará a atenção, mesmo que tenha boa aparência.

Se o capricorniano soubesse...

Se o capricorniano soubesse quanto as pessoas ao seu redor o veneram e respeitam, não se preocuparia com a possibilidade de as críticas e fofocas afetarem sua reputação. Os capricornianos lutam para se apresentar de modo honesto perante as outras pessoas, pois têm medo de como serão vistos. Um dos motivos pelos quais não abrem mão do formalismo é o medo de parecerem ter as fragilidades normais que afetam todos os seres humanos. Por isso, muitas vezes se impõem um padrão elevadíssimo de comportamento e conduta, sem perceber que o que os torna admiráveis não é a perfeição em si, mas a busca desta.

Casamento

O capricorniano busca um companheiro que tenha se estabelecido numa posição boa e segura. Sejam eles ricos ou pobres, se o capricorniano e seu companheiro não estiverem se esforçando igualmente no trabalho nem gozando o mesmo nível de sucesso ou satisfação com a carreira, o relacionamento sofrerá. O capricorniano quer um companheiro que possa ajudá-lo a realizar suas ambições. Tende a ser um aficionado incondicional do trabalho e muitas vezes tem dificuldade para ficar em casa por tempo suficiente para conseguir se soltar e se entregar ao romantismo. Por outro lado, tende também a ser forte, prático e bem-sucedido, de modo que pode garantir ao companheiro o que de melhor a vida tem a oferecer. Os capricornianos são muito sérios e comprometidos no que se refere a sua vida, seu lar e sua família.

A pessoa que cogita se casar com um nativo de Capricórnio típico tem de saber de antemão que o capricorniano assumirá a organização da vida pessoal e profissional de seu companheiro. Por outro lado, este pode ter certeza de que ele sempre será responsável e estável e lhe dará segurança.

O signo oposto a Capricórnio

Câncer é o signo oposto a Capricórnio e, embora esses dois signos sejam muito diferentes, o estoico Capricórnio tem muito a aprender com o jeito carinhoso e protetor de Câncer. Câncer pode ensinar Capricórnio a relaxar e a não se levar tão a sério. Por estar sempre em contato com seus sentimentos, também pode fazer Capricórnio entender que não há nada de errado em ser uma pessoa sensível. A dedicação de Capricórnio ao trabalho, por sua vez, inspira Câncer a se esforçar mais para alcançar seus objetivos.

Compatibilidades

No geral, quando as duas pessoas manifestam as características típicas do seu signo, os relacionamentos íntimos entre um capricorniano e outro indivíduo podem ser descritos da seguinte maneira:

Capricórnio com Capricórnio: Harmonioso, mas, às vezes, é um casamento de conveniência

Capricórnio com Aquário: Harmonioso, mas a paixão às vezes fica de fora do relacionamento

Capricórnio com Peixes:	Harmonioso: Peixes acalenta as ambições de Capricórnio
Capricórnio com Áries:	Difícil, mas cheio de fogos de artifício de romantismo
Capricórnio com Touro:	Harmonioso; um casal que parece viver num mundo só seu
Capricórnio com Gêmeos:	Turbulento, com muitas ideias e preferências conflitantes
Capricórnio com Câncer:	Difícil, mas estes dois têm muito a doar um ao outro
Capricórnio com Leão:	Turbulento, mas os dois juntos formam um casal cheio de *glamour*
Capricórnio com Virgem:	Harmonioso; uma verdadeira união de amor, dificilmente superada
Capricórnio com Libra:	Difícil, mas o desafio vale a pena
Capricórnio com Escorpião:	Harmonioso; um relacionamento cheio de intensidade erótica
Capricórnio com Sagitário:	Harmonioso: amantes, amigos e parceiros na ambição.

Quando as coisas não dão certo

Quando o relacionamento começa a dar errado, às vezes demora bastante para o capricorniano tomar uma atitude, pois ele tem forte senso de dever para com o companheiro e a família. No geral, os capricornianos detestam o divórcio. Em razão da sua natureza intensamente vulnerável, temem a humilhação que acompanha os rompimentos. Além disso, por dar muito valor à opinião de familiares, amigos e até sócios, eles não gostam de ter de explicar uma mudança no seu *status* de relacionamento.

Capricórnio no trabalho

O capricorniano quer organizar a empresa que o emprega; espera uma lealdade absoluta e uma rotina disciplinada. Seu emprego pode não ter *glamour* nenhum, desde que lhe dê boas oportunidades de avançar. Os capricornianos querem que os colegas de trabalho tenham ciência de que eles são pontuais e persistentes e sabem estruturar da maneira mais eficiente e produtiva possível o seu emprego e quaisquer sistemas empresariais pelos quais sejam responsáveis. Vestindo-se e agindo de maneira conservadora, dão uma sensação de conforto e segurança aos que estão acima na cadeia de comando.

Quando aqueles que têm condições de dar um impulso à carreira do capricorniano cometem erros, é melhor que o capricorniano aja de maneira cautelosa. Ele é calculista e não quer fazer nada que retarde sua recompensa ou seu progresso. Deve, portanto, fazer todo o possível para que as coisas funcionem sem muitos percalços, mesmo que tenha de consertar os erros alheios por trás do pano, sem que ninguém o saiba. O capricorniano deve pensar em seus objetivos de longo prazo na carreira tanto quanto no emprego que agora tem, ou mais ainda. Sua competência, profissionalismo e perseverança o impedirão de negligenciar seus deveres atuais; porém, para que seus objetivos de longo prazo se realizem, ele muitas vezes terá de cuidar dos aspectos mais prosaicos e cotidianos de sua atividade profissional, especialmente aqueles que outras pessoas não conheçam ou não queiram fazer.

Profissões típicas

As profissões que os capricornianos geralmente escolhem são as de médico, dentista, advogado, banqueiro, contador ou qualquer outra que tenha a ver com o prestígio e o dinheiro. Naturalmente gravitam para profissões ou empregos que deem apoio ao *status quo* e nas quais possam ganhar a vida confortavelmente. Sua natureza silenciosa e ambiciosa é excelente para trabalhar sob pressão, e o capricorniano também terá sucesso em projetos que exijam planejamento de longo prazo. Os capricornianos geralmente dão bons arquitetos, engenheiros, industriais, analistas de sistemas e pesquisadores. Qualquer atividade que exija boa organização e excelentes capacidades de gestão lhes é apropriada. Muitos são negociantes de arte, joalheiros e agentes de pessoas que atuam no setor de entretenimento. Também são capazes de dar nova vida a uma empresa que esteja indo à falência.

Os capricornianos são excelentes burocratas ou políticos em razão da sua habilidade para debater. Preferem atuar longe da vista do público e dão gerentes de primeira linha. Também sabem trabalhar com as mãos, e talvez prefiram atuar no ramo da construção civil, na agricultura ou na pecuária.

Comportamento e capacidades no trabalho

No trabalho, o capricorniano típico:

- precisa de um espaço de trabalho confortável e aconchegante
- é bem organizado
- é inteligente no que se refere a dinheiro
- faz planos e estabelece cronogramas
- trabalha com afinco e durante longas horas
- gosta de ter comida e bebida à disposição quando faz hora extra

O capricorniano como empregador

O típico chefe capricorniano:

- leva muito a sério suas responsabilidades
- se veste de modo conservador e é bem organizado

- tem um forte senso de dever e se esforça muito no trabalho
- é gentil, mas espera que as regras sejam obedecidas
- gosta de que os familiares o visitem no trabalho
- é um bom administrador e diretor de operações
- pode renunciar às necessidades pessoais pelo trabalho

O capricorniano como empregado

O típico funcionário capricorniano:

- permanece bastante tempo na mesma empresa
- assume uma pesada carga de trabalho
- é consciencioso e confiável
- tem a expectativa de que seu salário suba com o tempo
- respeita os superiores
- gosta dos aspectos comuns e cotidianos do trabalho
- chega cedo e sai tarde
- tem um senso de humor inteligente e sarcástico
- não se mete no que não lhe diz respeito

O capricorniano como colega de trabalho

Na qualidade de colega de trabalho, o capricorniano é um enigma. Quer esteja numa posição de autoridade, quer não, ele instintivamente tende a assumir papéis de liderança. É circunspecto no que se refere à vida pessoal e não costuma conversar com os colegas sobre a vida particular. Quando o capricorniano entra no caminho que leva ao sucesso, sua persistência e sua capacidade de se concentrar num objetivo o habilitam a alcançá-lo e a chegar a posições de autoridade.

Detalhes, detalhes

Por mais que um capricorniano tenha focado seu olhar no aspecto maior das coisas, também gosta de ter voz no que se refere aos detalhes. Muitas vezes, são os detalhes que acabam construindo a reputação dos capricornianos, e eles devem buscar todas as oportunidades para demonstrar quanto são dignos de serem promovidos. Às vezes são submetidos a testes para que se saiba se são dignos de entrar no clube das pessoas mais ricas ou poderosas. É importante que o capricorniano mostre que é capaz de delegar a outros indivíduos os detalhes de um projeto, pois os nascidos sob este signo podem ter dificuldade para deixar que terceiros se intrometam, mesmo que pouco, em seu trabalho.

Um dos problemas dos capricornianos para lidar com os detalhes é que, às vezes, estes se tornam mais importantes que o projeto global. Quando empacam em questões pequenas, os capricornianos se frustram tanto que já não conseguem trabalhar bem. Gostam de ter domínio sobre as coisas, e, quando lidam com projetos detalhados, podem ter essa satisfação. Os capricornianos precisam aprender que é mais importante demonstrar a plena gama de suas habilidades caso queiram fazer a diferença em sua carreira.

Dinheiro

O capricorniano sempre deve ser conservador no sentido mais verdadeiro da palavra; deve, portanto, envolver-se com a conservação de recursos de todos os tipos. Isso inclui o tempo, o dinheiro, os bens, os recursos naturais e aqueles que resultam de processos tecnológicos.

Ao passo que Capricórnio rege o prestígio e o *status quo*, é mais comum as pessoas nascidas sob este signo terem de trabalhar muito para chegar a um estilo de vida confortável do que nascerem em famílias ricas. Os capricornianos são materialistas, mas nem sempre no sentido negativo da palavra. Não precisam ser donos de coisas bonitas e boas para saber apreciá-las e conhecer o valor delas. São muito bons para posicionar-se em situações nas quais possam ganhar bastante dinheiro; quando ganham esse dinheiro, sabem conservá-lo.

Em casa

Os capricornianos se orgulham de ter uma casa bonita e bem cuidada. Ela representa não somente o seu sucesso, mas também a necessidade de criar e preservar a ordem em seu ambiente. Sentem-se mais confortáveis numa casa que seja semelhante àquela na qual moravam na infância ou que seja igual à que queriam ter quando crianças.

Comportamento e habilidades em casa

O capricorniano típico:

- gosta de ter uma rotina
- adora sustentar a família
- se orgulha de uma casa bem organizada
- quer móveis e acessórios de qualidade
- precisa que a casa seja uma vitrine para seu negócio
- é dedicado ao lar e à família
- gosta de ser visitado pelos parentes
- é um hábil decorador

Interesses de lazer

Os capricornianos têm tanta consciência de seus deveres e responsabilidades que muitas vezes acham difícil gostar de algo só por gostar. A maioria dos capricornianos típicos não se interessa muito por esportes de equipe. Trabalham duro em seus passatempos e querem alcançar o sucesso por meio deles. O que quer que façam, deve ser algo respeitável que aumente a chance de serem admirados ou homenageados.

O capricorniano típico aprecia os seguintes passatempos

- visitar museus e galerias
- golfe, caminhada, jogar xadrez
- jardinagem e fazer melhorias na casa
- ler *best-sellers*
- música, quer ouvindo, quer tocando
- ir a festas exclusivas

Do que o capricorniano gosta

- casa e família
- deveres e responsabilidades
- história, antiguidades e genealogia
- as "melhores" marcas
- brinquedos para adultos
- longas sonecas e uma comida simples e de boa qualidade
- pedras preciosas e joias
- ser membro de um clube exclusivo
- presentes personalizados e monogramas
- novos livros sobre velhos temas

Do que o capricorniano não gosta

- ser pressionado
- moda passageira
- surpresas
- desrespeito

- ser provocado e ridicularizado
- solidão
- estar despreparado
- ficar constrangido
- esquecer sua lista de atividades
- produtos baratos, de baixa qualidade
- críticas

O lado secreto de Capricórnio

As pessoas nascidas sob o signo de Capricórnio têm necessidades emocionais reais e profundas que podem amarrá-las ou mesmo impedir completamente o seu progresso. Outra coisa que contribui para sua tendência à depressão são as pressões causadas pelo desejo de manter uma aparência próspera, acompanhando tanto a moda quanto a tradição, vivendo no luxo e na tranquilidade e, de certo modo, pairando acima do nível daqueles a cujos elogios aspiram.

Saturno

Saturno é o planeta de estrutura, do tempo, dos limites, das restrições e da disciplina. Ajuda as pessoas a retardar a satisfação de seus desejos para poderem fazer o que têm de fazer no tempo de que dispõem de fato. Saturno é um professor rigoroso, mas pode recompensar os indivíduos que carregam seus fardos de maneira amadurecida. Por outro lado, se as pessoas não assumem suas responsabilidades, Saturno vai lhes mostrar quanto isso é errado. Saturno é o planeta mais distante visível a olho nu e, por isso, é associado ao ponto mais alto que podemos alcançar na vida e, principalmente, na carreira. Também rege os automóveis, as antiguidades e os cristais. Saturno é como uma âncora: impede as pessoas de flutuar ao léu. Rege os ossos, os dentes e o sentido da audição.

Como criar um capricorniano

É bom ensinar à criança capricorniana a importância de respeitar a si mesma e aos outros tanto por sua força interior quanto por suas realizações exteriores. No geral, os jovens capricornianos se esforçam na escola e almejam tirar notas boas e ser homenageados. As crianças de Sol em Capricórnio precisam ser tranquilizadas muitas vezes, pois são preocupadas por natureza. É bom aprenderem que cada coisa tem seu tempo e seu lugar próprios. Uma das características infelizes da vida da geração que tem acesso instantâneo à televisão e a filmes é que essas crianças podem assistir em menos de duas horas a toda a história de sucesso de uma pessoa. Com isso, as crianças não têm ideia de quanta dedicação, quanto trabalho, quanta rejeição, quanta decepção e quanta motivação são necessários para que um ser humano construa uma vida de sucesso.

Os jovens capricornianos não têm muito entusiasmo pelos esportes e pela vida ao ar livre, de modo que precisam ser estimulados a sair de casa e fazer algum tipo de exercício. Visitas a museus e sítios arqueológicos e até escalar rochas e montanhas são atividades que podem interessá-las. Também devem ser encorajadas a relaxar e brincar. Embora pareçam sérias, têm senso de humor. Os jovens capricornianos têm dificuldade para se enturmar com as crianças de sua idade e, por isso, devem ser postos em contato com colegas de temperamento semelhante ao deles.

A criança capricorniana

A típica criança capricorniana:

- ∗ é bem-comportada e responsável
- ∗ gosta de trabalhar em projetos de longo prazo

- gosta de estabelecer objetivos para si mesma
- pode ser altamente competitiva
- se preocupa com suas notas
- tem respeito pelas coisas das outras pessoas
- é séria, mas vai se tornando mais descontraída à medida que fica mais velha
- geralmente formula ainda bem cedo seu caminho de vida
- tem um senso de humor desenvolvido, mas, às vezes, tende para o humor negro
- brinca de ser especialista em alguma coisa ou figura de autoridade
- parece mais velha do que é
- gosta de ficar perto de casa
- gosta da escola e de concursos e competições de todo tipo

O capricorniano como pai ou mãe

O típico pai ou mãe capricorniano:

- ensina as crianças a terem respeito e responsabilidade
- leva a sério a paternidade
- é carinhoso e cheio de consideração pelos filhos
- ensina as tradições aos filhos
- é rígido mas justo no que se refere às regras
- tem um senso de humor seco
- garante uma boa educação aos filhos

Saúde

Os capricornianos precisam aprender a relaxar. As preocupações, os longos períodos de trabalho e as responsabilidades pesadas podem produzir-lhes dores no corpo e doenças relacionadas ao estresse. Os capricornianos devem tomar cuidado com a depressão. Precisam descansar bem à noite e expor-se ao sol durante o dia. Geralmente só fazem exercícios quando seu regime de trabalho o permite. As partes mais vulneráveis de seu corpo tendem a ser os joelhos e os ossos em geral. Sua resistência à doença aumenta com a idade e, moderados em seus hábitos, muitas vezes têm vida longa.

CAPRICORNIANOS FAMOSOS

Muhammad Ali
Selton Mello
Renato Aragão
Al Capone
Matheus Nachtergaele
Mel Gibson
Alinne Moraes
Stephen Hawking
Jô Soares
Joana d'Arc
Janis Joplin
Diane Keaton
Martin Luther King, Jr.
Claudia Raia
Kate Moss
Sir Isaac Newton
Thiago Lacerda
Patrícia Pillar
Edgar Allan Poe
Elvis Presley
Nando Reis
Cássia Kiss
J.R.R. Tolkien
Denzel Washington
Tiger Woods

"A astrologia é uma língua, e os céus falam com quem entende essa língua."

– Dane Rudhyar

AQUÁRIO
21 de janeiro – 19 de fevereiro

AQUÁRIO

21 de janeiro – 19 de fevereiro

Planeta: Urano
Elemento: Ar
Qualidade: Fixo
Dia: sábado
Estação: inverno
Cores: azul-cobalto, azul-celeste, ultravioleta
Plantas: lírio laranja, ave-do-paraíso, salsa
Perfume: verbena
Pedras: cristal de rocha, fluorita, azurita, lápis-lazúli
Metal: urânio
Qualidades pessoais: único, brilhante, inventivo, articulado e tolerante

Palavras-chave

Os termos a seguir são chamados "palavras-chave" porque podem ajudar você a decifrar o sentido essencial do signo astrológico de Aquário. Cada palavra-chave representa questões e ideias de suma importância e destaque na vida das pessoas nascidas tendo Aquário como signo solar. Você vai constatar que, em geral, cada aquariano incorpora pelo menos uma destas palavras-chave em seu modo de viver:

humanitarismo – mente inventiva – desapego – idealismo – radicalismo – altruísmo – rebelião – progressismo – excelência técnica – ecletismo – gênio – todo o poder para o povo – futurista – originalidade – teoria do caos – livre-pensador – viagens espaciais – incomum – excêntrico – explosividade – excitabilidade – surpresa – eletrificar – rebelde sem causa – virado de ponta-cabeça – revolucionário – reforma – liberado – óvni – internet

O sentido simbólico de Aquário

O símbolo do signo de Aquário é o Aguadeiro, que derrama suas águas abundantes para matar a sede do mundo. Por esse motivo, muita gente pensa, equivocadamente, que Aquário é um signo de Água. A água é o elemento que os sábios antigos relacionaram com as emoções, a empatia e a intuição. No entanto, Aquário não é um signo de Água. O elemento associado a Aquário é o Ar, que representa o mundo das ideias. As pessoas nascidas sob o signo de Aquário gostam de pensar em termos amplos e teóricos e querem "derramar" suas ideias para matar a sede intelectual de seus semelhantes. O fato de Aquário ser confundido com um signo de Água é uma pista muito importante e uma lição significativa para os aquarianos. A Água simboliza as emoções e a empatia, e muitas vezes se constata que essas duas coisas fazem falta aos nativos de Aquário.

Os aquarianos, preocupados com o bem de todos, se sentem inspirados a inventar soluções para os problemas da sociedade. São os cientistas loucos e professores distraídos do zodíaco. Para tanto, recorrem à sua mente independente, liberta dos grilhões da tradição e do medo de perturbar o *status quo*. Os aquarianos olham para o passado a fim de aprender a mudar aquilo que lhes parece desagradável no presente; e, assim fazendo, procuram criar o futuro que imaginam. O desapego e o distanciamento emocionais necessários para ver claramente e procurar resolver os problemas da sociedade fazem com que os aquarianos deem a impressão de não ter empatia pelo sofrimento dos indivíduos de carne e osso. Os aquarianos devem submeter a um exame atento as ações que planejam, para ter certeza de que elas não farão mal aos outros, mesmo que não seja essa a sua intenção.

Aquário é um dos quatro signos Fixos da astrologia (os outros três são Touro, Leão e Escorpião). Os signos Fixos são focados, teimosos e persistentes. São eles que proporcionam estabilidade para que as coisas avancem e cheguem ao fim. Aquário também é um dos três signos de Ar da astrologia (os outros dois são Libra e Gêmeos). O Ar representa a mente, as ideias e a capacidade de pensar; as ideias aquarianas podem ser incomuns e originais, mas, uma vez formadas, tendem a permanecer fixas. Sempre que um assunto envolve algo que lhes parece ser uma questão de princípio, os aquarianos se recusam a mudar.

Quando um aquariano termina de pensar teoricamente sobre um assunto, dá folga à sua mente científica e volta ao mundo das emoções. Na verdade, ele tem muita facilidade para se deixar dominar por um sentimento de empatia pelos menos afortunados. É isso que o inspira a encontrar soluções para os problemas urgentes da sociedade.

Como reconhecer um aquariano

Os aquarianos frequentemente têm um olhar distante e sonhador. Em outras ocasiões, seu olhar é ansioso e inquieto. Tendem a ser mais altos que a média e a ter membros longos, o que lhes dá um jeito de andar meio desengonçado. Quando são claros, tendem a ter os cabelos bem loiros, cor de areia. Os aquarianos podem ter um perfil atraente, quase clássico. Mesmo que estejam usando roupas caras, estas nunca parecem lhes cair muito bem.

O comportamento e os traços de personalidade típicos de Aquário

- é amistoso e de fácil convivência
- gosta de grupos e organizações
- pode ser totalmente excêntrico
- pensa intuitivamente e seu pensamento tem um lado bem prático
- tem ampla variedade de interesses
- se envolve com causas humanitárias
- tem sua própria visão das coisas e não se deixa influenciar facilmente
- às vezes parece distante
- segue um código ético de conduta
- tem atração pelo misticismo e pelo oculto
- busca desenvolver e comunicar ideias
- tem um amplo círculo de amigos de todas as classes e categorias sociais
- aceita bem as diferenças entre as pessoas

O que motiva o aquariano?

Os aquarianos estão aqui para realizar o futuro que conseguem vislumbrar também com o olhar de sua mente! É por isso que a vida não lhes proporciona tantas oportunidades quanto eles gostariam de desfrutar da liberdade e de outros recursos necessários para transformar em realidade suas ideias inovadoras. Na verdade, eles às vezes provocam mudanças tão radicais que, em seu entusiasmo para se livrar dos modos antigos de viver, podem destruir coisas valiosas do passado, que ainda têm grande utilidade.

A personalidade aquariana em sua expressão positiva

Em sua melhor forma, os aquarianos são pessoas brilhantes e encantadoras, que fazem amizade com gente de todas as classes e categorias sociais. Apesar de ter a mente aberta, o aquariano ideal tem ideias firmes e permanece fiel a elas, embora seja tolerante para com os estilos de vida, as crenças e os hábitos das outras pessoas. O aquariano muitas vezes se sente mais feliz quando está sozinho e pode voltar toda a sua atenção para os projetos que mais lhe interessam.

Pelo lado positivo

Os aquarianos que manifestam as características positivas associadas a seu signo também tendem a ser:

- inventivos e originais
- cheios de consideração pelas pessoas
- confiáveis e dispostos a cooperar
- intensamente interessados pela humanidade
- fortes apoiadores de reformas políticas

- pensadores independentes
- amigos e defensores leais
- científicos e inteligentes
- comunicativos

A personalidade aquariana em sua expressão negativa

O aquariano frustrado ou infeliz será irritável, melancólico e excêntrico. Pode ser frio emocionalmente e ter dificuldade para demonstrar afeto mesmo pelas pessoas mais próximas. Apesar de sua inteligência brilhante, os aquarianos negativos podem acabar se enrijecendo em suas ideias e seu jeito de viver. Em casos extremos, podem se isolar totalmente da sociedade para evitar que suas opiniões sejam contrariadas por outras pessoas.

Traços negativos

Os aquarianos que manifestam as características negativas associadas a seu signo também tendem a ser:

- pouco dispostos a fazer concessões
- fanáticos e imprevisíveis
- teimosos e sem nenhum tipo de tato
- obcecados por curiosidades e coisas estranhas
- pervertidos, de hábitos excêntricos
- sem nenhuma confiança nas outras pessoas
- propensos a sempre abalar as estruturas do *status quo*

Peça a um aquariano

Peça a um aquariano que lhe dê uma solução simples para um problema complexo. Se o seu problema não for emocional, tanto melhor; mas, mesmo que seja, o aquariano tentará ajudá-lo. A mente aquariana é altamente analítica e especializada em fazer avaliações rápidas; transformar uma miríade de informações num conjunto sucinto de instruções fáceis de seguir não é nada difícil para os nativos deste signo. Além disso, se você não entender na primeira vez, o aquariano jamais se cansa de explicar as coisas e nunca o trata com paternalismo.

A amizade com os aquarianos

Um amigo aquariano é uma fonte constante de estímulo mental, informação e ajuda prática. Os aquarianos têm muitos amigos, mas poucos confidentes. O nativo de Aquário gosta de um amigo que tenha interesses intelectuais e aprecie tudo que é incomum e radical. Raramente julga o código de ética dos amigos. Aquário pode fazer amizade com qualquer pessoa e, para ele, todos os relacionamentos são, em princípio, platônicos. Ele se interessa imensamente pelas ideias e projetos de seus amigos e gosta de dar conselhos e contribuições criativas. Para que o aquariano possa ter o tipo de amizade com que sempre sonhou, deve abrir mão de sua tendência de imaginar que precisa fazer mudanças radicais que, na realidade, são demasiado penosas para ele e para os outros – mudanças que certamente será difícil manter.

Em busca do amor

Envolver-se com grupos de pessoas unidas em torno de um objetivo comum ajudará o aquariano a encontrar o amor. É muito comum que o aquariano encontre sua alma gêmea por meio de um círculo de amigos ou envolvendo-se com pessoas que participam de sociedades de ajuda mútua, associações, clubes, sindicatos, grupos comerciais, grupos ambientalistas, grupos de ativismo político, fóruns na internet, cruzeiros temáticos em navios, grupos formados para excursões, terapia de grupo e todas as outras maneiras pelas quais as pessoas se juntam para oferecer apoio umas às outras. Ir a um local cuja finalidade específica é ajudar as pessoas a conhecer potenciais companheiros é favorável para este signo. Os aquarianos têm um talento natural para voltar o olhar para um indivíduo e aparentemente criar as bases de um relacionamento íntimo num tempo curtíssimo, desde que as duas pessoas tenham as mesmas opiniões, ideias e objetivos. O aquariano às vezes quer combinar o amor e o ativismo, pois tende a se apaixonar por pessoas que tenham a mesma consciência política e social que ele.

Ir a lugares completamente diferentes para conhecer pessoas – até lugares que o aquariano antes considerasse estranhos demais – e estar aberto a novos e diferentes tipos de pessoas – opostos aos tipos a que o aquariano se ligava no passado – também são caminhos favoráveis para que ele encontre o amor. Não é incomum que os aquarianos conheçam um parceiro em potencial em circunstâncias inesperadas, visto que o próprio signo de Aquário é o regente das coincidências em geral.

Para encontrar aquela pessoa especial

Em geral não é necessário que as pessoas façam mudanças globais e radicais em sua vida para encontrar o amor a que almejam, especialmente aquelas mudanças que os aquarianos estariam dispostos a fazer sem pensar duas vezes. Para os nativos de Aquário, as mudanças radicais são menos complicadas que para os nativos de outros signos, pois os aquarianos, em geral, preferem não seguir nenhum tipo de plano. Quando um interesse amoroso entra na vida deles, eles não o questionam; simplesmente consideram-no uma bênção do universo.

O primeiro encontro

Pelo fato de os aquarianos estarem sempre dispostos a tudo a qualquer tempo, o primeiro encontro pode ser como ele quiser que seja, ou como seu par quiser. Os planos para o primeiro encontro podem envolver atividades tão díspares quanto ir a um parque de diversões, passar uma noite servindo sopa aos pobres ou ir a um cassino. Quando se trata de levar um aquariano para passear pela primeira vez, nada é proibido. O aquariano consegue se divertir das mais diversas maneiras, desde que a pessoa que o acompanha seja tão aberta, tolerante e espontânea quanto ele.

O aquariano e o amor

Os aquarianos atraem o sexo oposto com seu jeito amistoso e aberto, embora às vezes possam tentar parecer glamorosos e distantes. Têm medo de um envolvimento emocional profundo, mas querem ter amizade verdadeira com a pessoa amada. O aquariano preza a própria independência e pode preferir morar numa casa separada mesmo após o casamento. O companheiro que faz exigências demais, fica com ciúmes ou tenta limitar a liberdade do aquariano certamente será subitamente abandonado.

Amor eterno

Os aquarianos muitas vezes não se envolvem em relacionamentos amorosos, pois creem que, se o fizerem, sua vida vai acabar.

Infelizmente, eles tendem a interpretar de modo errôneo as próprias emoções ou a se arrepender do que sentem. Quando se apaixonam profundamente, no entanto, percebem que somente o medo os impedia de ir em frente. Às vezes, não assumem um compromisso do jeito típico ou convencional. Nem sempre se sentem à vontade demonstrando a profundidade de seu amor por meio de um comportamento sentimental, mas professam o amor através de palavras sinceras e atos de bondade.

Expectativas no amor

Os aquarianos esperam que sua liberdade de movimento e ação seja respeitada e precisam que suas excentricidades sejam compreendidas e toleradas. São totalmente leais e fiéis ao parceiro e esperam que este aprecie visitas frequentes de uma grande variedade de amigos de todas as classes e categorias sociais.

Em qualquer relacionamento, ambos os companheiros precisam se sentir livres e independentes. Talvez você ache que isso é uma contradição, mas todos os que têm sucesso em seus relacionamentos lhe dirão que foi dentro do relacionamento que encontraram a liberdade de que precisavam para serem quem realmente são. Ser fiel a si mesmo é uma busca espiritual para o aquariano de pensamento independente. Se o companheiro o apoiar nessa meta, aperfeiçoará o relacionamento. Nada agrada tanto o aquariano quanto ser apreciado pelo que realmente é.

A vida do aquariano é cheia de eventos inesperados que, no fim, o levam a se sentir livre. Esses eventos mudam bruscamente o estado das coisas em sua vida e na vida de seus entes queridos. Todo relacionamento pode mudar para melhor, e é isso que torna o aquariano tão atraente.

O que o aquariano procura

O aquariano não procura quem o apoie em tudo, nem alguém a quem ele possa apoiar em tudo. Mais que qualquer outra coisa, quer um igual – uma pessoa que caminhe a seu lado, nem à frente nem atrás. Os aquarianos não necessariamente buscam um companheiro que concorde com suas opiniões radicais. Apreciam pessoas que tenham convicções fortes e sigam o próprio caminho. Sabem que, quanto maior a amizade, melhor será o relacionamento amoroso.

Se o aquariano soubesse...

Se o aquariano soubesse quão profundos são o amor e o afeto que seus amigos e as outras pessoas têm por ele, sentir-se-ia seguro e não se preocuparia com a intimidade emocional em seus relacionamentos. Ele se daria a oportunidade de explorar os altos e baixos do envolvimento emocional, sem se preocupar com a possibilidade de que isso venha a complicar-lhe a vida. Quando o aquariano abre as comportas da emoção, pode resolver problemas envolvendo acontecimentos antigos e atuais em sua vida.

Casamento

Quando o aquariano finalmente se casa, não gosta da ideia de divórcio; por isso, muitas vezes continua amigo de seu ex-cônjuge. O relacionamento do aquariano se beneficia quando ele age deliberadamente para aperfeiçoar o casamento. Se o aquariano entrar num grupo ou organização dedicada à promoção dos relacionamentos, ou apoiar ou aconselhar um tal grupo, poderá fortalecer seu relacionamento atual ou atrair um novo relacionamento para sua vida.

É importante para ele que todo relacionamento seja sempre animado e cheio de entusiasmo. Quando o aquariano trabalha para isso, o relacionamento se fortalece e tem mais chance de resistir a desafios inesperados. Quando, porém, o aquariano deixa que as coisas encalhem num determinado nível, sem crescimento nem transformação, tem de começar a agir para melhorar essa situação. Caso contrário, o relacionamento será submetido a uma dura prova quando um dos dois, ou ambos, começarem a se rebelar, ou problemas surgirem aparentemente do nada, ou as duas coisas.

O signo oposto a Aquário

Leão é o signo oposto e complementar a Aquário. Embora as relações entre ambos sejam difíceis, Leão pode ensinar Aquário a fazer escolhas que o agradem pessoalmente, e não apenas sejam compatíveis com um ideal. Dessa maneira, Aquário pode ganhar autoconfiança. Além disso, a facilidade com que os leoninos lidam com as próprias emoções pode abrir os olhos dos aquarianos, que às vezes escondem seus verdadeiros sentimentos sob espessas camadas de lógica e avaliações analíticas. Do mesmo modo, Aquário pode ensinar autocontrole e disciplina intelectual a Leão.

Compatibilidades

No geral, quando as duas pessoas manifestam as características típicas do seu signo, os relacionamentos íntimos entre um aquariano e outro indivíduo podem ser descritos da seguinte maneira:

Aquário com Aquário:	Harmonioso, mas é um encontro de duas mentes, não de duas almas
Aquário com Peixes:	Harmonioso, se Aquário deixar que Peixes seja carinhoso e protetor

Aquário com Áries:	Harmonioso; uma boa parceria para o romance e para os negócios
Aquário com Touro:	Difícil, a menos que Touro dê a Aquário a liberdade de que este precisa
Aquário com Gêmeos:	Harmonioso; um caso amoroso único e exclusivo, cheio de grandes conversas
Aquário com Câncer:	Turbulento mas excitante, com forte magnetismo sexual
Aquário com Leão:	Difícil, mas elétrico; um casal que briga em público e se reconcilia em particular
Aquário com Virgem:	Turbulento, pois os dois não têm praticamente nada em comum exceto o amor
Aquário com Libra:	Harmonioso; um par perfeito: almas gêmeas, amantes, amigos
Aquário com Escorpião:	Difícil, mas profundo; um relacionamento criado pelo destino
Aquário com Sagitário:	Harmonioso; os dois estão completamente sintonizados com os quereres e as necessidades um do outro
Aquário com Capricórnio:	Harmonioso, com momentos difíceis; uma ligação cármica

Quando as coisas não dão certo

Se o aquariano quiser terminar o relacionamento e seu companheiro não perceber, o aquariano é capaz de fazer algo para levar o próprio companheiro a pôr fim na relação. Se a situação for a inversa e o aquariano ficar sozinho, certamente passará por um período de luto emocional, mas depois estará pronto para seguir em frente. Aquário tem sempre um jeito de enxergar a vida e os acontecimentos de um ponto de vista lógico, mesmo quando o assunto é amor.

Aquário no trabalho

Praticamente todos os aquarianos têm a tendência de transformar o trabalho no centro da sua vida. Sua dedicação ao que fazem é considerável, e mesmo o cônjuge ou familiar mais amorosos terão dificuldade para fazê-los pensar em outra coisa. Quem ama o aquariano precisa saber que não é realista esperar que ele tenha menos de cem por cento de dedicação ao que faz.

Enquanto o aquariano sentir que seu trabalho é importante, não se preocupará muito com o lugar que ocupa na cadeia de comando. É capaz de demonstrar liderança sem ser o líder nominal e, por conseguir trabalhar bem quer sozinho, quer com outras pessoas, raramente entra em choque com os que estão acima ou abaixo.

Pode não dar a impressão de grande eficiência, mas os aquarianos têm a capacidade única de organizar fatos e relatá-los com incrível clareza. Seu talento para a comunicação os coloca numa classe exclusiva. Por terem tanta dedicação, nunca abandonam uma tarefa a meio caminho.

Profissões típicas

O aquariano se beneficia de profissões ligadas à investigação, à análise, à inovação e a ideias originais. Cientista, astrólogo, cantor, administrador de instituição de caridade, inventor, arqueólogo, especialista em diagnóstico médico por imagem, engenheiro e especialista em ajuda humanitária são boas escolhas de carreira para o aquariano. É favorável trabalhar em grupos que se organizam em vista do bem comum.

São exemplos os sindicatos e outras associações de classe, organizações fraternas, cooperativas de crédito, fóruns de internet, grupos políticos e grupos organizados em torno de causas ambientais.

Os aquarianos trabalham melhor em projetos desenvolvidos em grupo. São excelentes pesquisadores e cientistas admiráveis, especialmente nas áreas de astronomia e história natural. Podem ser pioneiros em fotografia, tecnologia de computação e eletrônica. A aviação também é uma vocação natural dos aquarianos.

O caráter progressista dos nativos deste signo se expressa na escrita ou em funções na televisão e no rádio. No teatro, os aquarianos são bons atores para representar pessoas excêntricas e têm um talento nato para a mímica. Muitos aquarianos são excelentes músicos de vanguarda; outros ramos adequados são a assistência social e a educação.

Comportamento e capacidades no trabalho

No trabalho, o aquariano típico:

- não gosta da rotina e de tomar decisões
- gosta de resolver problemas
- aprecia a variedade
- prefere o trabalho mental ao trabalho físico
- gosta de trabalhar em grupo
- tem boa reputação entre os colegas
- gosta de trabalhar sozinho

O aquariano como empregador

O típico chefe aquariano:

- pensa rápido e é astuto em suas análises
- é receptivo a novas ideias
- não gosta de demonstrar favoritismo

- não gosta de panelinhas
- é cheio de talentos inesperados
- demonstra generosidade para com quem se dedica a tarefas especiais
- paga aos empregados um salário justo
- não perdoa a mentira nem as falsas promessas
- cumpre suas promessas

O aquariano como empregado

O típico funcionário aquariano:

- tem um jeito distante, mas se dá bem com a maioria das pessoas
- é bom para conceituar possibilidades
- tem ideias inovadoras
- dá uma abordagem nova a qualquer tarefa
- muda frequentemente de emprego
- tem grande capacidade criativa e analítica
- tem potencial de liderança

O aquariano como colega de trabalho

O aquariano típico é um solitário, apesar de ter muitas amizades no ambiente de trabalho. Mas tem os atributos de um signo de Ar – consegue se dar com muitas pessoas diferentes sem dificuldade. O aquariano trabalha bem em grupo, quer como líder da equipe, quer como subordinado.

Detalhes, detalhes

Os aquarianos não se consideram pessoas preocupadas com detalhes e, na maioria das vezes, não são. Mas isso só é assim porque eles querem que seja. A verdade é que têm grande capacidade para lidar com detalhes e sabem delegar trabalho a outras pessoas sem deixar de acompanhar todas as áreas e atividades que constituem o projeto. Talvez seu melhor instinto no que se refere a lidar com os detalhes seja a capacidade de traduzir números e fatos em conceitos.

Uma das razões pelas quais os aquarianos não se sentem à vontade tratando de detalhes é sua tendência de ser meio distraídos. A resposta que dão a esse problema é uma quase obsessão por fazer listas e anotações. Criando imensas listas de fatos, datas e nomes, conseguem administrar projetos que exigem que se lembrem dessas coisas. Assim, embora tenham medo de esquecer fatos, são mais aptos que a maioria das pessoas a lidar com esse tipo de questão.

Dinheiro

Qualquer competição ou concurso cujo prêmio seja pago aos poucos no decorrer de um tempo futuro é apropriado para o aquariano. São favoráveis também os trabalhos ligados à astrologia e à numerologia. Além disso, quaisquer jogos e prêmios com tema científico, espacial, futurista ou histórico atraem o interesse do aquariano.

Se um aquariano tiver uma ideia e perceber que ela pode ser vendida, deve investir nela. Os advogados de patentes e os investidores de risco podem se mostrar receptivos, especialmente a ideias que melhorem e prolonguem a vida das pessoas e tornem as empresas mais produtivas.

Os computadores e a eletrônica também são favoráveis para que o aquariano ganhe dinheiro. Ele terá mais facilidade para compreender uma tecnologia futurista e lucrar com ela. A sorte alcança o aquariano sobretudo através de seus amigos. Eles podem ajudá-lo dando-lhe presentes ou bons conselhos.

Os aquarianos têm uma relação de amor e ódio com o dinheiro. Adoram-no em razão da liberdade que ele lhes dá, mas detestam o fato de não terem dinheiro suficiente e, por isso, terem sua liberdade diminuída. Os aquarianos são atraídos por causas humanitárias e frequentemente fazem doações anônimas substanciais.

Em casa

Os aquarianos às vezes se sentem tão à vontade em sua casa e em seu espaço que não querem sair de lá, e essa é uma das muitas razões pelas quais são adeptos do *home office*. De um jeito ou de outro, se adaptam muito bem a uma rotina doméstica não convencional.

Comportamento e habilidades em casa

O aquariano típico:

- gosta de televisão e equipamentos de som de alta tecnologia
- vive num espaço com decoração diferente
- convida diversos tipos de pessoas para ir em sua casa
- enche sua casa de objetos estranhos
- se alimenta de misturas estranhas de comida e bebida
- usa muitas ferramentas, equipamentos e apetrechos
- coleciona fotos e obras de arte interessantes
- toma vitaminas e suplementos não convencionais

Interesses de lazer

Embora muitos interesses do aquariano sejam de natureza intelectual, ele também gosta de mexer nas coisas e usar sua inventividade para consertar, criar ou aperfeiçoar apetrechos ou instrumentos úteis. Os aquarianos muitas vezes têm vários *hobbies* e interesses ao mesmo tempo.

O aquariano típico aprecia os seguintes passatempos
- política radical
- tocar, dançar e cantar
- ficção científica
- exercício moderado
- escrever em seu diário
- *hobbies* científicos ou de invenção
- teatro, comédia e cinema em casa
- pilotar avião ou planador ou saltar de paraquedas

Do que o aquariano gosta
- fama ou reconhecimento
- saber mais sobre o mundo
- tempo para ficar em silêncio e refletir
- sonhos e experiências místicas
- surpresas e ideias brilhantes
- equipamentos tecnológicos de última geração
- dizer aos outros o que pensa
- amigos excêntricos
- estudar história
- viajar para lugares exóticos

Do que o aquariano não gosta
- excesso de emoção
- pessoas tediosas
- que não reconheçam o seu valor
- ter sua liberdade podada
- qualquer tipo de trapaça

- propaganda enganosa
- emprestar dinheiro ou tomá-lo emprestado
- conformismo
- revelar suas motivações
- a mentalidade de manada

O lado secreto de Aquário

Dentro de qualquer pessoa com forte influência aquariana há alguém que não tem certeza de qual é a sua verdadeira identidade. O ego aquariano é o mais precário do zodíaco, pois Aquário é o signo do inconformismo. A genialidade intelectual, a excentricidade prática e a estranheza mental estão todas ligadas ao signo de Aquário. A personalidade aquariana tem um intelecto poderoso. Dar bom uso prático a seu poder cerebral é o melhor caminho para que o aquariano desenvolva seu ego.

Urano

Urano é o planeta da excentricidade, do gênio, da rebelião, da revolução e da invenção. Representa as forças da vida que querem manter as coisas sempre novas e cheias de entusiasmo. Simboliza a crise da meia-idade que ocorre por volta dos quarenta anos, quando as pessoas se avaliam para ver se fizeram com que sua vida fosse uma declaração de sua individualidade única e exclusiva. Urano rege a eletricidade e os aparelhos elétricos, como computadores, rádios e televisores, a dinamite e todos os explosivos e, especialmente, os aparelhos futuristas. É o planeta das teorias loucas e da ficção científica que um dia é confirmada pelos fatos.

Urano é o planeta de tudo o que é incomum e radical. Recentes fotos tiradas por satélites revelam que, ao contrário de todos os outros planetas, é seu polo norte, e não o equador, que aponta para o Sol. Urano rege os tornozelos, os pulsos e o intelecto intuitivo. Também rege a ciência, as invenções e as descobertas, bem como a própria ciência da astrologia.

Como criar um aquariano

É bom mostrar às crianças aquarianas que elas têm dentro de si algo do gênio ou do excêntrico. Também é uma boa ideia expô-las a ideais humanitários. O mais importante: deve-se mostrar que os objetivos humanitários são alcançados mediante a interação com outras pessoas. Ensine-as o valor de olhar cada situação como se a estivessem vendo pela primeira vez.

O jovem aquariano tem uma mente analítica e investigativa que está sempre processando informações. Precisa ser exposto a novas maneiras de fazer, criar e experimentar invenções. Um ambiente tranquilo é essencial para a criança aquariana, pois ela é sensível às tensões latentes dentro de casa. Do ponto de vista prático, ela precisa aprender métodos simples para lembrar das coisas e comunicar suas ideias às outras pessoas.

Como qualquer criança, o aquariano precisa de amor. Este deve assumir principalmente a forma de respeito, amizade, ouvir o que ela tem a dizer e elogiá-la. O jovem aquariano tende a agir de modo distante e desapaixonado, tendo às vezes dificuldade para formar relacionamentos íntimos. Muitas vezes parece mais confiante e mais velho do que realmente é. Por isso, os pais devem encorajá-lo e expressar genuíno interesse por suas ideias e necessidades, para que ele se sinta mais tranquilo.

A criança aquariana

A *típica criança aquariana:*

- tende a ser esquecida
- é sensível e intuitiva
- tem um humor imprevisível
- é incrivelmente talentosa
- acha todas as pessoas e coisas interessantes
- é generosa e bondosa com os amigos
- pode ter súbitas explosões de raiva
- se rebela contra as regras
- tem muitos amigos
- é muito inteligente e capta rapidamente as ideias

O aquariano como pai ou mãe

O típico pai ou mãe aquariano:

- julga as situações com racionalidade
- é dedicado e inteligente
- é adepto das teorias educacionais modernas
- não exagera na disciplina nem inibe os filhos
- está sempre pronto para discutir qualquer problema
- encoraja a independência de pensamento
- não gosta de convenções nem de conformismo
- é um amigo para toda a vida

Saúde

Os aquarianos têm muita energia, mas frequentemente se esgotam, pois não sentem o cansaço. Têm o hábito de não ouvir os conselhos de outras pessoas que recomendam uma diminuição do ritmo e, na qualidade de pacientes, podem ser rebeldes e não admitir a derrota. Os aquarianos precisam de ar fresco, muito sono e exercícios regulares para permanecer saudáveis. Seu trabalho muitas vezes exige demais da sua vista e do seu tempo, mas eles devem cuidar para não perder as consultas com o oftalmologista. Sua circulação é ruim e os problemas se manifestam nas canelas e tornozelos, que são as partes do corpo regidas pelo signo de Aquário.

AQUARIANOS FAMOSOS

Jennifer Aniston
Mikhail Baryshnikov
Cristiano Ronaldo
Sheryl Crow
James Dean
Charles Dickens
Christian Dior
Thomas Edison
Mia Farrow
Michel Teló
Michael Jordan
Abraham Lincoln
Neymar Jr.
Wolfgang Amadeus Mozart
Boris Casoy
Yoko Ono
Sabrina Sato
Marília Pêra
Martinho da Vila
Sandy
Malvino Salvador
John Travolta
Carolina Ferraz
Oprah Winfrey
Virginia Woolf

"Não precisamos ter vergonha
de flertar com o zodíaco.
Vale a pena flertar com ele."

– D. H. LAWRENCE

PEIXES
20 de fevereiro – 20 de março

PEIXES

20 de fevereiro – 20 de março

Planeta: Netuno
Elemento: Água
Qualidade: Mutável
Dia: quinta-feira
Estação: inverno
Cores: lavanda, verde-mar, turquesa
Plantas: glicínia, gardênia, lótus
Perfume: ilangue-ilangue
Pedras: água-marinha, coral, madrepérola, pérola
Metal: zinco
Qualidades pessoais: empático, artístico, compassivo, abnegado e mediúnico

Palavras-chave

Os termos a seguir são chamados "palavras-chave" porque podem ajudar você a decifrar o sentido essencial do signo astrológico de Peixes. Cada palavra-chave representa questões e ideias de suma importância e destaque na vida das pessoas nascidas tendo Peixes como signo solar. Você vai constatar que, em geral, cada pisciano incorpora pelo menos uma destas palavras-chave em seu modo de viver:

sensitividade – espiritualismo – receptividade – mudança de humor – incerteza – sofrer em silêncio – etéreo – inspiração – fé – idealismo – medicina alternativa – fantasia – imaginação – sonhos – confusão – ilusão – sacrifício – entrega – martírio – fuga – dependência de drogas e álcool – ligação entre corpo, mente e espírito – guias espirituais – intuição – PES

O sentido simbólico de Peixes

Peixes é o último signo do zodíaco. Por ser o último dos doze, tem um pouquinho de cada um. Os nativos deste signo, caso se deem ao trabalho de investigar a própria mente, logo vão perceber que estão literalmente captando e absorvendo os sentimentos dos outros. Isso explica por que os piscianos entendem tão bem como as outras pessoas estão se sentindo.

Na verdade, os piscianos são tão sensíveis aos sentimentos alheios que não é bom ficarem perto de pessoas raivosas, tristes ou perturbadas. Se vivem em conflito consigo mesmos, como sugere o próprio símbolo do signo de Peixes – dois peixes em perpétua tensão, nadando em direções opostas –, um dos lados desse conflito pode representar a personalidade cujo eu interior está sempre a ponto de fugir do mundo.

Peixes é associado tanto à empatia quanto à telepatia. Essa capacidade natural de estabelecer uma ligação invisível com as pessoas próximas e distantes é a bênção e a maldição de todo pisciano. Habilita-o a saber exatamente o que fazer para ajudar as pessoas com quem se importa, sendo essa uma das especialidades piscianas, mas as emoções do pisciano também se esgotam e ele se magoa com a contínua intromissão da vida dos outros na vida dele.

Peixes é um dos quatro signos Mutáveis da astrologia (os outros três são Gêmeos, Virgem e Sagitário). Os signos Mutáveis são capazes de se adaptar e se ajustar. Peixes também é um dos três signos de Água (os outros dois são Escorpião e Câncer). Os signos de Água valorizam a emoção e a intuição.

Quando voltam sua sensibilidade para o mundo real, os piscianos conseguem ganhar uma quantidade incrível de dinheiro nos negócios. Dada a reputação de devaneio e escapismo dos piscianos, isso talvez lhe pareça improvável, mas lembre-se de que este é o último signo. Peixes contém um pouquinho de cada um dos outros. Os piscianos são, no zodíaco, os que mais têm consciência das coisas que nos unem e das imensas diferenças entre as pessoas. Esse é um dos pontos fortes do pisciano, mas, caso ele se deixe reger totalmente pelas emoções ou deixe que o sofrimento da condição humana o leve a querer fugir de tudo, pode se tornar um ponto fraco. Quando os piscianos aprendem a equilibrar sua intuição inata com uma abordagem lógica que não ignore as realidades desagradáveis, tornam-se capazes de realizar grandes coisas.

Como reconhecer um pisciano

Os nativos de Peixes têm um ar de mistério. Seus olhos manifestam sensibilidade e carinho; geralmente eles têm um sorriso caloroso e forte empatia. Seu jeito de ser é tranquilo. São pessoas acessíveis, que dão a impressão de realmente compreender os sofrimentos e as misérias humanas. Mesmo que sejam esguios ou tenham traços delicados, possuem uma força interior que parece irradiar do fundo da alma.

O comportamento e os traços de personalidade típicos de Peixes

- tem um coração caloroso e compassivo
- é muito romântico
- não costuma ter ciúmes, mas se magoa do mesmo jeito
- muitas vezes parece estar "fora do ar", com um jeito sonhador
- protege sua vulnerabilidade emocional
- fala devagar e tem conhecimento de muitos assuntos
- é sutil embora pareça indefeso ou incapaz
- é organizado e administra extremamente bem suas finanças
- tem poucos preconceitos
- preza o envolvimento emocional
- não ambiciona *status*, fama ou dinheiro
- não é fácil de enganar
- tem poucas necessidades materiais, mas não vive sem seus sonhos
- não tenta dominar o parceiro de nenhuma maneira
- precisa pertencer a alguém

O que motiva o pisciano?

A lição que o pisciano tem de aprender é o porquê de a vida não lhe dar tantas oportunidades quantas ele gostaria de usar sua profunda sensibilidade para beneficiar os outros e, assim, ganhar o apreço das pessoas que ele mais gostaria de ajudar e com quem gostaria de fazer contato. Os nascidos sob o signo de Peixes querem aprender a se aproximar o suficiente das pessoas a fim de poder ajudá-las, mas sem se deixar sobrecarregar pelas necessidades e pela carência delas. Quanto mais o pisciano for honesto e honrado, mais hesitará em se abrir. Os piscianos parecem ter medo de que o mundo espere mais deles do que podem dar.

A personalidade pisciana em sua expressão positiva

O pisciano que manifesta as melhores características do seu signo é uma fonte de ajuda e inspiração para si mesmo e para os outros. A sensibilidade pisciana é mais útil quando as pessoas nascidas sob esse signo são autoconfiantes e têm personalidade forte. Quando isso acontece, sua companhia torna-se maravilhosa – são pessoas cheias de alegria, inspiração e profunda intuição.

Pelo lado positivo

Os piscianos que manifestam as características positivas associadas a seu signo também tendem a ser:

- tímidos, gentis e bondosos
- confiam nas pessoas e são hospitaleiros
- compreendem as pessoas
- românticos
- amorosos e carinhosos
- místicos
- criativos
- dispostos a ajudar quem quer que esteja sofrendo
- compassivos

A personalidade pisciana em sua expressão negativa

Os piscianos incapazes de distanciar-se do drama e da infelicidade da vida alheia manifestam as características negativas do seu signo. Muitas vezes se sentem abatidos pelos problemas ao seu redor, mas se frustram com sua incapacidade de fazer qualquer coisa para ajudar. Os piscianos decepcionados podem procurar alívio nas drogas ou no álcool, cujos efeitos os tornam ainda mais impotentes.

Traços negativos

Os piscianos que manifestam as características negativas associadas a seu signo também tendem a ser:

- dependentes
- escapistas, correndo o risco de perder contato com a realidade
- sensacionalistas
- depressivos e cheios de autocomiseração
- temperamentais
- ingênuos e tendem a apostar tudo numa causa perdida
- propensos a se culpar por tudo de mau que acontece
- demasiado envolvidos emocionalmente com os problemas dos outros

Peça a um pisciano

Peça a um pisciano que lhe diga qual é o sentido da vida. É improvável que o pisciano lhe dê uma fórmula que resolva tudo, mas, com pequenos atos e palavras, ele lhe fará compreender que a felicidade existe por meio da compaixão, do carinho e de um espírito aberto para receber o amor. Os piscianos têm uma conexão sobrenatural com o universo.

A amizade com os piscianos

O pisciano é bem-humorado e carinhoso, mesmo que só se encontre com seus amigos de tempos em tempos. Em geral, gosta de amigos úteis, que o tranquilizem e lhe deem força. Ele retribui com uma compreensão e uma lealdade sem limites. Os piscianos são emocionalmente apegados a seus amigos e, quando um deles procura se aproveitar do relacionamento, raramente se dão conta disso. Às vezes são confusos, de modo que nem sempre é fácil combinar um encontro com eles.

Os piscianos sempre têm ideias de coisas interessantes para fazer e apreciam qualquer tipo de empreendimento artístico. Às vezes parecem frios e distantes, mas isso geralmente é temporário e ocorre em momentos de insegurança. O pisciano tem dificuldade para entrar nos moldes que a sociedade lhe impõe, o que pode causar dificuldades para os amigos conservadores.

Em busca do amor

O elemento de sacrifício não se encaixa bem na visão normal do namoro e do romance. A exceção a essa regra ocorre quando o pisciano conhece alguém numa das atividades que empreende para ajudar outras pessoas. Nesse caso, o relacionamento tem mais chance de durar do que se só um dos companheiros ajuda o outro. Os relacionamentos baseados no apoio mútuo têm de ser completamente reformulados caso a pessoa que antes recebia apoio já não precise dele. Às vezes, tais relacionamentos duram apenas o suficiente para que os problemas neles trabalhados se resolvam.

Se o pisciano não tem relacionamento algum, a causa talvez seja a sua tentativa de fugir da realidade de algum modo. Qualquer dependência de drogas, bebida, seitas ou mesmo de uma religião tradicional o impedirá de ser ele mesmo e de ver as pessoas como elas são. O pisciano não deve jamais renunciar às próprias crenças e à própria identidade em nome de um relacionamento em que, para conquistar ou manter o companheiro, tenha de enganar a si mesmo.

A busca do pisciano pelo romance tem suas raízes não somente na realidade, mas também na fantasia. Para os outros signos, isso é um erro, mas o pisciano precisa da ilusão para manter viva a realidade do amor. Se não houver fantasia, ele não conseguirá sequer se apaixonar. Desde que o companheiro compreenda que terá de trabalhar para ajudar a sustentar essa fantasia e, ocasionalmente, realizá-la, esse modo de encarar o amor funciona para os piscianos.

Para encontrar aquela pessoa especial

Se o pisciano trabalha num ambiente artístico ou num evento cultural, certamente encontrará aí alguém que o atraia. O envolvimento com causas caritativas também o porá em contato com pessoas que partilham a mesma necessidade de fazer o bem.

O primeiro encontro

Os piscianos gostam das rotinas sentimentais, mas somente quando são sinceras e não são calculadas somente para impressionar. No fim das contas, são mais tradicionais do que eles próprios imaginam. Apreciam encontros simples, como jantar e ir ao cinema ou simplesmente passear de mãos dadas. Não se impressionam com o luxo e a riqueza da decoração, e podem gostar tanto de comer um hambúrguer numa lanchonete popular à meia-noite quanto de jantar num dos melhores restaurantes da cidade. O pisciano acredita que o que torna o encontro especial é a companhia, não o ambiente.

O pisciano e o amor

Para o pisciano, não há diferença entre o amor, o afeto e o romance. O pisciano é romântico, gosta de agradar e se adapta às exigências do relacionamento. O pisciano que não se sente amado é uma pessoa infeliz, para quem a vida parece extremamente cinzenta. O amor revitaliza os piscianos. Eles às vezes parecem indefesos, delicados ou vulneráveis, mas, quando são amados, tornam-se capazes de lidar com toda uma variedade de dificuldades, problemas e tragédias. Sua natureza espiritual pode, assim, florescer.

Amor eterno

O pisciano às vezes permanece num relacionamento mesmo quando está sendo enganado ou maltratado. Deve, no entanto, encarar o problema e tomar medidas imediatas para corrigi-lo. Também acontece de o pisciano abandonar um relacionamento sem ter uma razão clara. Caso o companheiro não queira mudar, o pisciano deve fazer de tudo para sair dessa situação. O perdão também pode ser dado a distância.

Em geral, o pisciano se mostra compreensivo com o companheiro a quem abandonou e procura manter com ele uma relação de amizade.

Expectativas no amor

Peixes é o signo mais romântico do zodíaco. Quando está apaixonado, o pisciano é muito carinhoso, sensível e disposto a sacrificar sua própria liberdade pela pessoa amada. Entretanto, também é muito comum que ele negue a realidade bem diante dos seus olhos. Muitas pessoas preferem se convencer de que estão num bom relacionamento a admitir seus problemas. Mesmo o perdão, que é a força mais espiritual e mais poderosa do universo, pode ser usado como disfarce para a fraqueza e a negação da realidade. Quando o álcool, as drogas, os maus-tratos, a violência ou o adultério se interpõem entre o pisciano e o relacionamento amoroso com que sonha, ele não pode fechar os olhos para essas forças perigosas e destrutivas nem compactuar com elas.

O que o pisciano procura

A maioria das pessoas diz, da boca pra fora, que se interessa mais pelo "interior" do companheiro do que por sua aparência, mas no caso do pisciano isso é um fato; talvez o mais correto seja afirmar que o amor dele é capaz de tornar bonita qualquer pessoa. O pisciano procura um parceiro cuja vida e cujo espírito possam ser transformados pelo seu amor. Ele pode até se apaixonar por uma pessoa perturbada a fim de poder assumir o papel de salvador espiritual.

Se o pisciano soubesse...

Se o pisciano soubesse que é capaz de ser imensamente forte e disciplinado, não se preocuparia com a possibilidade de não se mostrar à altura dos pequenos e grandes desafios que surgem em seu caminho. Às vezes, o que lhe parece ser uma fraqueza é uma força, pois sua grande sensibilidade lhe permite carregar fardos que pessoas menos perceptivas não aguentariam. Os piscianos estão acostumados a ser tratados como seres emocionalmente frágeis, e, às vezes, isso lhes faz formar uma opinião pouco lisonjeira sobre si mesmos, o que é injusto.

Casamento

O pisciano casado encherá a casa de alegria com sua maravilhosa imaginação. O casamento dá autoconfiança ao pisciano. Quem contempla a possibilidade de se casar com um pisciano típico precisa saber que ele conta com o seu apoio – emocional ou financeiro. Em troca, o companheiro pode esperar lealdade e profunda compreensão.

O cônjuge do pisciano deve estar disposto a cuidar do aspecto prático e administrativo do casamento, deixando o pisciano livre para viver sua natureza artística e exercer sua criatividade e sua capacidade de compreender as pessoas.

O pisciano procura um companheiro que o apoie e o encoraje em todos os aspectos dos seus sonhos. Às vezes parece indefeso e sonhador, mas, quando se sente seguro com o companheiro, também se sente livre para acreditar na beleza e na bondade espiritual da relação.

O signo oposto a Peixes

O signo complementar a Peixes é o detalhista Virgem. Como Peixes, Virgem é compassivo e adora servir, mas é mais disciplinado e pode ajudar Peixes a entender como fazer jus às suas responsabilidades no mundo. Virgem pode ensinar a Peixes o valor da disciplina e técnicas de motivação. A suavidade pisciana, por sua vez, tem o poder de ajudar Virgem a compreender que, às vezes, as críticas são pura e simples maledicência.

Compatibilidades

No geral, quando as duas pessoas manifestam as características típicas do seu signo, os relacionamentos íntimos entre um pisciano e outro indivíduo podem ser descritos da seguinte maneira:

Peixes com Peixes:	Harmonioso; uma relação verdadeiramente romântica, com resultados incrivelmente profundos

Peixes com Áries:	Harmonioso, mas Áries sempre vai querer ser o líder
Peixes com Touro:	Harmonioso, com bom equilíbrio entre a paixão e a vida doméstica
Peixes com Gêmeos:	Difícil quando Gêmeos é incapaz de apreciar o lado espiritual de Peixes
Peixes com Câncer:	Harmonioso; felizes para sempre
Peixes com Leão:	Turbulento, mas com um insistente aspecto de ligação cármica
Peixes com Virgem:	Difícil, mas os dois atendem às necessidades um do outro
Peixes com Libra:	Turbulento, a menos que Peixes deixe Libra brilhar sob os refletores
Peixes com Escorpião:	Harmonioso; um relacionamento profundamente espiritual e incrivelmente apaixonado
Peixes com Sagitário:	Difícil, mas divertido; uma montanha-russa emocional
Peixes com Capricórnio:	Harmonioso, desde que Capricórnio aprenda a manifestar ternura
Peixes com Aquário:	Harmonioso, pois as diferenças de personalidade não chegam a afetar o amor

Quando as coisas não dão certo

O pisciano pode ter extrema dificuldade para sair de um relacionamento infeliz. Mesmo que já não exista amor, ele continuará tendo um sentimento de dever para com o companheiro. Pouco importa que este seja claramente culpado pela separação; o pisciano sempre sentirá que a culpa é, pelo menos em parte, dele. De início, terá dificuldade para seguir em frente após a separação, mas depois de um período de luto emocional estará pronto para cuidar da vida.

Peixes no trabalho

Os piscianos podem ser muito felizes no trabalho, desde que compreendam que não devem buscar toda a sua alegria e contentamento no emprego. Nem sempre conhecem a importância de se ter um equilíbrio na vida, mas percebem a insatisfação gerada pelo desequilíbrio.

Embora o pisciano possa ser muito talentoso no campo que escolheu, isso não significa que vá chegar facilmente a uma posição de liderança. Na verdade, a perspectiva de ser líder pode até incomodá-lo, de modo que às vezes é preciso que uma pessoa de autoridade converse bastante com ele para fazê-lo perceber todo o seu potencial. Os piscianos frequentemente precisam de um período de adaptação para se acostumar com as habilidades e o papel de liderança.

Tudo aquilo a que o pisciano dedica a sua vida tem algo de espiritual, e isso inclui o trabalho. Quando está adequadamente motivado, o pisciano é capaz de alcançar não somente grande sucesso como também a felicidade que vem do sucesso. Quando entende que a dedicação à carreira não implica necessariamente o materialismo e a ganância, sente-se preparado para acolher o sucesso como uma opção em sua vida.

Profissões típicas

Em razão de sua versatilidade, os piscianos muitas vezes seguem diversas vocações ao longo da vida. Têm jeito para trabalhar em grandes instituições, como o governo, hospitais, as forças armadas, grandes empresas ou associações de caridade. As qualidades espirituais e intuitivas do pisciano podem levá-lo a fazer carreira na religião e na espiritualidade ou a servir ao próximo na qualidade de médium, místico ou curador. Outros piscianos são cozinheiros e *chefs*. Adoram a água e podem ser encontrados em trabalhos que os obriguem a estar próximos do mar.

O pisciano às vezes se dá melhor trabalhando por conta própria do que trabalhando para outra pessoa. Sua natureza bondosa e compassiva o habilita a fazer carreira em instituições de caridade, cuidando dos necessitados, como assistente social e como profissional da saúde humana e animal.

A criatividade de Peixes inclui não somente a capacidade de saber o que os outros estão sentindo, mas também a de imitar as pessoas. Isso faz do pisciano um excelente ator, e muitos piscianos encontram grande satisfação trabalhando no teatro, no cinema ou na televisão. O pisciano se dá bem no funcionalismo público, na polícia e como profissional do direito.

Comportamento e capacidades no trabalho

No trabalho, o pisciano típico:

* não gosta de ter de seguir um horário rígido
* prefere trabalhar nos bastidores
* gosta de trabalhos que estimulem a criatividade
* prefere trabalhar sozinho ou dirigir as próprias atividades
* precisa de flexibilidade e frequentes mudanças de rotina

O pisciano como empregador

O típico chefe pisciano:

* serve as pessoas
* resolve problemas de maneira criativa

- usa a intuição para tomar decisões
- tem grande percepção do caráter das pessoas
- tem um espírito de carinho e proteção
- pode usar drogas ou bebidas alcoólicas
- é caritativo e valoriza a bondade
- ajuda os funcionários em seus problemas pessoais
- pode ter um exterior duro para esconder sua natureza sensível

O pisciano como empregado

O típico funcionário pisciano:

- é gentil e gosta de ajudar
- compreende a condição humana
- precisa exercitar sua imaginação criativa
- às vezes é pouco asseado
- pode ser deprimido ou ter variações bruscas de humor
- é muito afetado pela negatividade
- é leal quando está feliz
- tem uma percepção instintiva de como são as pessoas

O pisciano como colega de trabalho

Os piscianos gostam de um ambiente de trabalho harmonioso e fazem sua parte para tornar a atmosfera agradável. Conseguem ter uma visão geral de qualquer situação de negócios e sua sensibilidade lhes permite saber como os outros vão se sentir e agir. Nos negócios, os piscianos trabalham melhor em posições que exijam criatividade e no setor de relações públicas, mas podem ter dificuldade para desempenhar serviços de rotina ou para trabalhar em grupo.

Detalhes, detalhes

O signo de Peixes tem certa dificuldade para tratar de detalhes – ou, pelo menos, é assim que muitos piscianos se veem. Tendem a sentir que, se fracassarem nos aspectos menores de um projeto, não conseguirão cuidar das questões maiores. No entanto, isso não é verdade. Os piscianos têm o grande dom da intuição, que, além de ajudá-los em todas as áreas da vida, é especialmente útil no trabalho. Isso porque muitas vezes não se veem como bons profissionais, e pode ser necessário que alguém os convença de que são capazes.

Um dos modos pelos quais os piscianos conseguem lidar com os detalhes é usando-os para esclarecer uma verdade mais geral. São tão sensíveis e intuitivos que até os assuntos mais insignificantes podem lhes dar informações que poucos nativos de outros signos seriam capazes de interpretar ou mesmo de perceber. Além disso, embora não "arquivem" informações no cérebro, os piscianos têm a capacidade de revirar a mente inconsciente a fim de se lembrar de detalhes importantes quando necessário.

Dinheiro

O dinheiro é um assunto complicado para muitos piscianos. Eles realmente não são materialistas, e isso pode prejudicá-los até certo ponto. Por outro lado, quando têm vontade de gastar dinheiro em prazeres não essenciais, às vezes a satisfação imediata de seus desejos os deixa felizes. Se não tomarem cuidado, isso pode se transformar num mau hábito que terá efeitos negativos sobre sua vida e sua conta bancária.

Os piscianos têm uma compreensão intuitiva dos recursos não financeiros e são capazes de administrá-los muito bem. Incluem-se nessa categoria a amizade, o amor, a boa vontade das pessoas que os amam e até favores que os entes queridos podem lhes prestar em caso de necessidade. Sob esse aspecto, os piscianos são extremamente capacitados.

Em casa

Para o pisciano típico, o lar é o lugar onde ele quer se sentir amado. Esse lar pode ser um palácio ou uma cabana, mas deve abrigar pessoas por quem ele sinta atração emocional e que o amem de verdade. É importante que o pisciano se sinta seguro e a salvo dentro do seu ambiente.

Comportamento e habilidades em casa

O pisciano típico:

- precisa de um espaço privado e pessoal
- precisa de boa comida e bons vinhos
- gosta de se refugiar no quarto
- gosta de explorar sua própria imaginação
- geralmente não tem uma rotina fixa
- tende a ser desmazelado
- precisa estar rodeado de obras de arte e de uma decoração suave
- precisa pôr um relógio em cada cômodo da casa

Interesses de lazer

Os piscianos gostam de atividades artísticas e de qualquer coisa que tenha um elemento de mistério, fantasia e imaginação. Esportes perigosos, como paraquedismo e automobilismo, também podem atraí-los, pois eles costumam ter um instinto infalível em situações de tensão. O amor pisciano pela espiritualidade é intensificado em atividades relacionadas à natureza, como jardinagem e longos passeios a pé.

O pisciano típico aprecia os seguintes passatempos
- teatro e cinema
- histórias de assombração, bruxas, monstros e criaturas estranhas
- massagens suaves nos pés
- esportes não competitivos
- aulas de aquarela
- banhos de imersão com muita espuma e água perfumada

Do que o pisciano gosta
- lugares românticos
- velas e incenso
- pessoas que precisem de sua ajuda
- dormir e sonhar
- ser amado
- ler e escrever poesia
- ioga e meditação
- sapatos
- presentes místicos
- música ambiente suave

Do que o pisciano não gosta
- luzes demasiadamente brilhantes
- falta de sono
- que as pessoas saibam demais a seu respeito

- roupa engomada ou apertada
- lugares barulhentos e cheios de gente
- piadas sujas
- que lhe digam que ele deve ser mais responsável
- lugares feios
- pessoas insensíveis
- uma atitude cética

O lado secreto de Peixes

Às vezes, os piscianos querem fugir das próprias emoções e das emoções das pessoas ao redor. Ninguém é tão capaz quanto os nativos deste signo de criar seu próprio mundo de fantasia – por meio da redação criativa e das artes visuais, de substâncias psicotrópicas ou do acúmulo de dinheiro para tornar seu mundo tão isolado e confortável quanto possível. Os piscianos se complicam quando usam as drogas, o álcool, o sexo, os jogos de azar, o zelo religioso e outros mecanismos de fuga que abafam seu bom senso e os isolam da realidade.

Netuno

Netuno é o planeta da beleza transcendente e da inspiração. Rege todas as teorias sobre dimensões que estão além da dimensão mundana; rege também a fé, a crença nas coisas invisíveis, o poder da oração e a vida após a morte. Quando a beleza e a idealização de Netuno são nubladas pelo medo, a tendência de fugir à realidade pode ser tão forte quanto uma corrente oceânica. É por isso que Netuno também é associado às drogas, ao álcool e a outros comportamentos que denotam escapismo. Netuno rege, ainda, os fenômenos paranormais, nos quais as pessoas são realmente capazes de visitar os mundos do poder espiritual fora do mundo terreno. São os mundos da intuição, da telepatia e de todos os tipos de percepção extrassensorial.

Netuno rege os pés, e os conhecedores da ciência da reflexologia sabem que nos pés há pontos de energia que se conectam com todas as outras partes do corpo.

Como criar um pisciano

As crianças nascidas sob o signo de Peixes são como pequenas esponjas que absorvem informações e ideias. Deve-se ensiná-las a avaliar bem suas ideias e distinguir a realidade da fantasia.

Os jovens piscianos tendem a correr o risco de ser enganados pelos amigos. Em razão de sua natureza passiva, compassiva e dócil, as crianças piscianas às vezes sofrem *bullying*. Por isso, vale a pena ensinar-lhes estratégias para lidar com essas situações. Uma compreensão da natureza humana e algumas regras simples e claras ajudam os jovens piscianos a evitar esses perigos sem renunciar ao amor e à compreensão, que são características valiosas.

Uma ligação emocional forte com as pessoas ao redor é absolutamente essencial para a felicidade dos piscianos. O jovem pisciano não se preocupa muito com os lugares e as coisas, embora muitas vezes se apegue a animais. Consequentemente, deve-se ajudar a criança pisciana e acreditar em si mesma e a não ser demasiado carente.

Na escola, é incomum que os jovens piscianos assumam posições de liderança – eles preferem evitar a luz dos refletores. No entanto, as crianças piscianas são maravilhosas fontes de ideias para artes, brincadeiras e aventuras. Por terem um impulso artístico altamente desenvolvido, devem ser encorajadas a encontrar um canal para dar vazão a essa capacidade. No entanto, não se deve obrigá-las a fazer isso, pois seu espírito delicado deve ser direcionado e estimulado, e não conduzido pela força.

A criança pisciana

A típica criança pisciana:

- adora o mundo do faz de conta
- segue seu próprio caminho
- tem uma imaginação ativa
- acredita em fadas e em anjos
- raramente fica brava
- tem um sorriso doce e encantador
- conversa secretamente com espíritos
- tem talento artístico
- ama os animais
- dá a impressão de estar com algum problema quando se perde em pensamentos
- sabe como os outros se sentem
- fala coisas que não tinha como saber – é paranormal!
- se magoa facilmente
- quer ajudar os necessitados
- precisa de ajuda quando sofrem *bullying*

O pisciano como pai ou mãe

O típico pai ou mãe pisciano:

- estimula a criatividade das crianças
- tende a mimá-las e a ser superprotetor
- prefere perdoar a disciplinar
- ouve com compreensão

- encoraja o desenvolvimento da intuição
- tem dificuldades para ser pontual
- raramente fala palavrões ou usa palavras duras
- tende a ter um conjunto de regras bastante incomum
- conta contos de fadas e histórias de magia

Saúde

Os piscianos típicos são saudáveis, desde que sejam amados. Já os piscianos infelizes são vulneráveis ao álcool, às drogas e a outros mecanismos de fuga da realidade, o que não faz nada bem para sua saúde mental e física.

Os piscianos podem se preocupar demais e tendem a sofrer de insônia. Quando praticam exercícios de relaxamento e meditação, podem manter uma energia positiva. O esforço constante para evitar a negatividade é causa de sofrimento para muitos piscianos. Por serem tão intuitivos, eles têm facilidade para saber quando outra pessoa está doente e são capazes de sentir a dor dela.

Os piscianos também precisam cuidar dos pés, que são a parte do corpo regida pelo signo de Peixes. Sempre devem usar sapatos confortáveis.

PISCIANOS FAMOSOS

Drew Barrymore
Ana Hickmann
Alexander Graham Bell
Regina Casé
Hebe Camargo
Frederic Chopin
Kurt Cobain
Albert Einstein
Débora Falabella
Mateus Solano
Spike Lee
Giovanna Antonelli
Marcos Caruso
Liza Minnelli
Anaïs Nin
Chuck Norris
Alexandre Borges
Lou Reed
Auguste Renoir
Renata Sorrah
Sharon Stone
Elizabeth Taylor
George Washington
Aracy Balabanian
Bruce Willis

"Vou olhar para as estrelas, olhar para ti
e ler o livro do teu destino."

– LETITIA ELIZABETH LANDON